Living Nature Cultural
SINCE 1999

Living Nature Cultural

SINCE 1999

Living Nature Cultural
SINCE 1999

Living Nature Cultural

SINCE 1999

文化大學哲學系 **石朝穎** 教授 · 政治大學、東吳大學心理系 **修慧蘭** 教授 真心推薦

WHAT LIFE COULD MEAN TO YOU

你的生命意義由你決定

著名個體心理學大師的不朽鉅作

Alfred Adler
阿德勒◎著

WHAT LIFE COULD MEAN TO YOU
The Psychology of Personal Development

盧娜◎譯
黃漢耀◎審訂

「生命的意義是什麼？」

在有限的世界與生命中，挫敗及絕望常倏地出現，想緊握雙手中的瑰寶，卻發現失落的更甚。
但如果抑鬱中的心靈能如盛水的杯，仰天包容萬物，靈魂終將被釋放。
因此你的生命並非由經驗定義，而全在於你賦予它的意義。

人活在「意義」的領域裡。
對於事物，我們的經驗不是抽象的；
我們始終以人的立場去經驗它們。

——阿德勒

推薦序

生命意義，你可以決定

政治大學心理系、東吳大學心理系兼任副教授
中華民國諮商心理師公會全國聯合會祕書長
修慧蘭

本書作者阿德勒，雖然生活於十九世紀末至二十世紀初，當時的世界與二十一世紀的現在有著非常大的落差，但他卻已看到人類在生命中普遍的現象與問題。阿德勒在書中一開始就提出人類的三個限制：第一，地球資源的有限性；第二，個人無法獨自生活，會受到他人的影響；第三，性別的限制。在此限制下，阿德勒認為我們勢必將面對一個問題，那就是「找尋生命意義」。

在我們現在的社會中常聽到以下的聲音：

小學生說：「我花那麼多時間念書、學鋼琴、學語言，都是爸媽要我做的。」

中學生問：「我念數學，考上高中或大學之後呢？」

年輕飆車族說：「這樣很好玩、很爽啊！」

大學生問：「我大學畢業也找不到好工作，學的也用不上，那我現在到底在做什麼？」

工作者問：「我辛苦加班，身體搞壞，家庭沒顧好，房子仍買不起，我到底在忙什麼？在追

求什麼？我的生活頂多只剩下追求小確幸了嗎？」

長時間沉迷網路遊戲者說：「網路遊戲好玩、夠刺激啊！我可以認識全世界、全宇宙的人。」

未婚者說：「結婚？為什麼要結婚？既然現在大家都認同離婚這件事，結婚有何意義？結婚照最後不都是放在儲藏室了嗎？」

退休者說：「辛苦一輩子，趁著現在還走得動，可以走走，否則就來不及了。」

祖父母說：「我能怎麼辦？年輕人也很辛苦，沒辦法養活自己，我只好繼續幫忙帶孫子了。」

災難倖存者說：「為什麼是我？我該怎麼活下去？」

人的一生，花了近十五至二十年的時間念書，也花了近三十至四十年工作；同時間，我們生活在家庭與社會中，過程中有快樂，也有難過；有成功經驗，也有很多挫敗經驗，且某一階段的成功不一定代表下一階段一定會成功；更現實的是：我們終將死亡。

在目前全球化與科技的影響下，我們與他人或環境的互動愈來愈多，相對地，我們的生活受到非自己能控制因素的影響也愈來愈明顯，例如不可預測的天災或人禍、各種意外、各種制度／政治的變動、變化等。「我到底在追求什麼」、「我現在生活的目的到底是什麼」……這些是很多人會問的問題。

生命的確非常具有挑戰性，常常丟許多問題給我們，就看我們如何回應了。阿德勒的這本書，從個人、家庭、學校到人類社會，從如何面對工作、愛與婚姻，到如何預防犯罪，一部分一部分告訴我們如何找到自己對生命意義的詮釋。當然，更重要的是，家庭及學校如何能夠及早幫助正在成長的兒童與青少年，讓他們能對於未來生命中的各種挑戰有所準備。此觀點用在二十一世紀的我們，似乎亦是一帖良方，可以幫助目前我們社會中對於學校教育目的到底是要朝向「學以致用、成為職業訓練場所」或純粹是「知識學習的殿堂」的質疑找到答案；並可以協助許多父母在到底要成為「虎媽鷹爸」或「孩子的朋友」的兩難間找到答案。

本書書名《你的生命意義，由你決定》，更進一步代表的是：「你的生命意義，你可以決定！」

前言

阿德勒的樂觀思想，改變你我對生命的態度

英國阿德勒學會副主席——瑞塔・尤鐸（Rita Udall）

《你的生命意義，由你決定》這本書對我有很重大的意義。它是我十五年前閱讀的第一本阿德勒著作。當時我擔任英國廣播公司（BBC）節目製作人，針對非學術學校的休學生製作非學科節目：觀眾群為因工作休學，或因其他因素休學後未開始工作的人；節目主要在討論自我了解、家庭關係、友誼和異性關係。我的工作使我這一輩子都在個人關係的領域裡打滾。不過，我對阿德勒的認識僅限於模糊階段。

所以，阿德勒是什麼人呢？一八七〇年他在維也納出生，名字經常和當代人士、曾經和他共事的佛洛伊德和榮格並列出現。為了「抵抗死亡」，他在五歲時就立志要當醫生。在六個小孩裡排行老二。小時候他飽受軟骨病和聲門痙攣症之苦。阿德勒三歲時，弟弟罹患白喉，死在他身旁的嬰兒床。一年後，他自己也嚴重感染肺炎，差點喪命。難怪他會興起讓人能更健康的強烈欲望。

他於維也納大學攻讀醫學，成為首位專業眼科醫生，稍後成為普通科醫師。他的知識和見解獨闢精深，率領時代潮流。他不喜歡只治療病人的一個症狀，喜歡對病人整體個性進行了解，思

考他們的社會感和他們如何回應社會。

他的第一本著作是《器官缺陷與心理補償的研究（Health Book for the Tailoring Trade and Study of Organ Inferiority and its Psychical Compensation）》。過沒多久，他便鑽研起神經病學與精神病學，他以常識方式了解整體人格的能力彌足珍貴。

一九〇二年佛洛伊德邀請阿德勒加入他每週召開的討論會。由於對佛洛伊德的工作非常有興趣（佛洛伊德較阿德勒年長十四歲，當時已廣為人知），於是他加入心理分析學會，不過在加入之初，他便開門見山表明不贊同佛洛伊德的部分理論。阿德勒不是佛洛伊德的學生，但他備受佛洛伊德敬重，是學會相當有貢獻和勇於發表思想的一員，同時協助編輯《心理分析期刊》。後來他繼佛洛伊德之後擔任「維也納心理分析學會」主席。不過他倆之間思想距離逐漸拉大，一九一一年佛洛伊德堅持要全體會員贊同他的性理論，導致阿德勒與其他六位會員毅然脫離學會。阿德勒反對「接受神經症者或正常個體性衝動是精神生活基礎的理論。它們從不是導因，是精神、物質和個人努力的方式。」

阿德勒與同僚繼而另組「個體心理學學會」此一新學派。用「個體」這個字詞強調人格的獨一無二性和個體性。後來他離開，出版了《神經症的性格（The Neurotic Constitution）》一書。

第一次世界大戰期間，阿德勒於軍醫院擔任神經心理科醫師。在這裡他的貢獻逐漸廣為人知，他感覺必須把他的思想推廣，並有必要付諸實行，以激發個體勇氣，發展他們的社會興趣（社會精神），並協助人類和諧共處。

戰後他推展個體發展和社會參與感的熱忱遽增，最後於維也納設立了超過三十所的兒童心理輔導診所。他傳授大批專業人員和非本職人士技巧——一個從未使用過的想法。他和許多同時代的猶太裔人士一樣，受到嚴重迫害和歧視，不得不逃離歐洲家鄉，一九三五年他遷往美國定居，在那裡他早已十分知名。長島醫學院特別為他開設醫學心理學院院長一職。

阿德勒繼續於美國和歐洲應邀發表演說並診治病人。六十七歲時他行程緊湊，一個月內在四個不同國家巡迴做總計五十六場的演說。他業已完成在巴黎、布魯塞爾和荷蘭的工作，一九三七年五月二十八日他獲邀為亞伯丁大學（University of Aberdeen）做演說，卻不幸於清晨散步途中心臟病發逝世。

阿德勒對現代思想貢獻極為深遠。雖然他撰寫超過三百本著作和無數文章，但為發揚思想，他依然不遺餘力地四處奔波發表演說。在他的一生裡，當他辛苦創立的學說和理論遭人剽竊使用時，他亦只輕描淡寫地說沒有關係，完全不以為意。對他而言最重要的是，他的思想獲得認同和推廣，協助每個人充分發展潛能，貢獻整體社會，並讓每個個體明瞭自己雖然不同於人，但和別人一樣平等。

在阿德勒逝世超過五十年後的今天，人類對平等的追求抵達前所未有的強烈和普及階段。在我們的學校裡，學生拒絕回應專制教育；老師抗議他們身為專業人士的價值未獲認同；父母為了替小孩謀取更適當的教育而成立壓力團體；在此同時，他們了解小孩不再一味聽從，希望有更多選擇和責任。男同性戀者和女同性戀者要求獲得社會認同的權利；黑人族群極力爭取平等。男性不再是家庭裡的「上帝或主宰」，和伴侶合作反而成為他們分內工作。工人因為管理層未經諮商即逕自做出裁決不滿而罷工。如果我們首先不能堅信自己的平等性，我們就無法獲得他人的平等對待。當我們對自己和他人的夥伴關係感覺有自信時，就會相信我們和他人一樣平等。

如今，接受過阿德勒心理理論訓練的心理醫師和治療師在美國、加拿大、英國、德國、以色列和全世界許多其他國家裡協助學校、父母團體、生理和精神殘障兒童和他們的家庭。協助預防不良少年及罪犯的工作，與輔導想要改善工作生活，家庭狀況或夫妻親密合作能力的社會大眾。

阿德勒說：「沒有一個經驗本身是成功或失敗的理由。我們不受經驗震撼所苦——亦即所謂的創傷（Trauma）——我們反而用它們來滿足目的。我們不為經驗所定，卻給予它們意義自決

（Self-determined）……一旦我們發現並了解一個人賦予生命什麼意義後，就掌握了他整體人格的關鍵。」阿德勒是首位坦承這個想法並不創新的人。據說原是奴隸，後來變成哲學家的伊匹提塔斯（Epictetus ,AD.50 ～ 120）曾提出非常類似的論點說：「人不為事物所惑。當我們遭遇困難，變得焦慮或心煩時，讓我們不要怪罪別人，我們反而要責怪自己，也就是說，我們被我們自己對事物的想法所惑。」約翰・彌爾頓（John Milton）在他的第一本著作《失樂園（ Paradise Lost）》裡寫道：「心靈本身能讓天堂形同地獄，地獄形同天堂。」

阿德勒，以他充滿創意的心和科學的背景，能夠了解人的所有問題都是社會問題。個體心理學讓我們沒有怪罪他人的空間，我們反而必須為自己的選擇和決定，為所造成的後果負責。我們自決並充滿創造力；我們受目標所導引，儘管我們可能渾然不明自己的目標是什麼，而且阿德勒把我們每個人看成一個和諧體（Unity）。一旦認清目標，我們就能夠了解自己行為的目的。

阿德勒認為生命問題的解答就是「社會興趣（Social Interest）」——一種和全體人類連結的感覺，如果我們要對社會充分貢獻一己之力，就必須付諸行動。「生命遭遇的最大困難，及造成他人最大傷害的，就是那些對人類沒有興趣的個體。就是這類個體導致人類所有的失敗泉湧而起。」

「萬般由心」

有一個週末，我去參加一場由阿德勒學會主辦的研討會後，我毅然決定追隨阿德勒的腳步，成為一個心理醫生。我所有的工作完全以個體心理學為基礎，因為它對大多數個案都極為有效。人們能藉由了解童年早期對自己和他人建立出哪些錯誤觀念，對自己取得更深一層的認識，而且他們在極短期間內就能採取正面步驟，重新把在童年時期因少不更事而放棄，或不了解這將影響他們一生的能力，重新找回來。

我希望阿德勒在這本書所表達的樂觀思想，對你就和對我一樣有用，同時希望你能和他一樣，了解我們都能選擇改變。

〔目次〕Contents

WHAT LIFE COULD MEAN TO YOU

【第一章】

生命的意義

第一章之一

生命的三項工作

人活在「意義」的領域裡。對於事物，我們的經驗不是抽象的；我們始終以人的立場去經驗它們。即使對於它的根源，我們的經驗仍以人的認知做標準。「木頭」指「木頭和人的關係」，「石頭」指「人類生命一項要素的石頭」。任何試圖去考慮狀況而排拒意義的人，都會非常不幸：他隔絕起自己，他的行為對自己，或對別人，都會毫無用處；總而言之，他們的行為會毫無意義。不過，沒人能跳脫意義的範疇。唯有透過我們認為的意義，才能經驗到現實；但那不是事物本身，而是某種詮釋過的東西。於是，自然而然，這個意義總是或多或少地不圓滿，或不完整，甚至永遠都不能是正確的。因此，意義的領域就是錯誤的領域。

如果我們問某個人：「生命的意義是什麼？」或許他根本就答不出來。通常人不會拿這個問題自找麻煩，或嘗試去架構任何答案。但這個問題就和人類一樣古老，在我們的一生裡，年輕人還有年齡較長的人，有時會追問：「生命為的是什麼？生命是什麼？」然而，可以這麼公平地說，他們只有在為某些挫折所苦時，才會提問這些問題。只要他們凡事平順，沒有磨難，這個問題就絕不會被提及。反而是在行為上，每個人都不能避免地提出這些問題，並予以回答。如果我們不去聆聽，而專心觀察行為本身，我們就會發現，其實每個人都已架構出他個人的「生命意義」，而他所有的意見、態度、舉動、表達、格調、野心、習慣和個性特色，都根據這個意義。每個人的行為就好像他能依靠一個確實的生命詮釋一樣。他所有的行為，隱含著一個他對世界和他個人的結論；就像判決一樣：我就是這樣，宇宙就是那樣；一個他給自己，及他所認為的生命意義。

人有多少，生命的意義就有多少，或許就如我們先前提過的，每個意義都有某些程度上的錯誤。沒人知道什麼才是生命絕對正確的意義，所以我們也不能說任何有用的詮釋絕對是錯的。所有的意義在這兩個限制間都有差異。不過，在這些差異裡，我們能夠辨識出來，有的極為有效，有的成效較低；有些錯誤小，有些錯誤大。我們能找出較佳的詮釋有哪些共同點，還有較不令人滿意的詮釋缺少了什麼。從中我們能找出一個真理的共同標準，一個共同的意義，促使我們把人類關切至今的現實解讀出來。再來，我們必須牢記在心，這「真理」是為了人類的目的和目標的真理。除此之外，再沒其他真理。即使真有其他真理，也不會影響我們。我們永遠不會知道；那是毫無意義的。

每個人都在三大限制下生活，他必須顧及這些限制。他所面對的每個問題或疑問都由它們而起，所以它們為他構成現實。由於他不斷面對它們，總被迫要回答和處理這些問題，而我們可由他的答案裡，找出他個人對生命意義的詮釋。

第一個限制是我們都生活在地球，這個小星球的表面上，沒有其他地方可去。我們必須盡力在地球有限的資源和限制下生活。我們必須發展身心兩面，以讓我們能夠繼續個人在地球上的生命，並協助確保人類生命的延續。這個問題挑戰每個人，沒人規避得了。不論我們做什麼，每個行為都是我們個人對人類生命的一個答案：它們顯示出我們認為必要、適合、可能和期待的東西。每一個答案都必須顧及我們是人類的一分子，並聚居在這個地球上的事實。

現在，如果考量到人體的脆弱，我們所在的這個地方潛藏著的危險，為維護我們的生命，及人類的福祉，重新評估我們的答案，這時具有遠瞻性和清楚的意義，對我們就變得十分緊要。這就像做一道數學題目一樣；我們必須努力找出解答。不能隨便或瞎猜，我們必須持續努力，用盡方法，把答案找出來。雖然我們未必能找到一個能夠澈底解釋真理，絕對完美的答案；但必須竭盡所能，找出一個最適合的答案。此外，我們必須持續努力，找更好的解答，而所有答案都必須把我們局限在地球上，及把我們所處地位的全部優勢、劣勢等事實，都考慮在內。

到這裡我們談到第二個限制，就是我們中沒人是人類的唯一成員。我們週遭有別人，我們的存在和他們脫離不了關係。由於個體的弱點和限制，如果一個人孤立，他絕對達成不了個人的目標。如果一個人獨自生活，試圖單獨解決問題，他一定會滅亡。他繼續不了自己的生命，也無法延續人類的生命。由於個人的弱點、短處和限制，他總是和別人連結在一起。對他個人的利益，及對人類的福祉而言，夥伴關係的貢獻最大。因此，對生命問題的每一個答案，都必須把這個限制考慮在內；必須考慮我們的生活與別人息息相關，我們孤獨必亡的事實。如果要生存，即便是我們的情緒都必須順應這個最偉大的課題、目的和目標：在這個我們與人類夥伴共棲的星球上，延續我們個人的生命，及人類的生命。

我們還受到人由男女兩性構成這第三個限制的支配。個體和全體生命的存續也必須把這個事實考慮在內。愛情和婚姻難題源自這第三個限制，沒有一個男性或女性能夠倖免一生。每個人對這個難題的反應，構成他個人的答案。人類有許多解決這個難題的方法，行為總顯露出他們相信的唯一答案。

因此，這三個限制引出三個問題：首先，在我們所居住星球自然環境的限制下，如何找到一個職業，讓我們能夠生存下去；其次，在芸芸眾人裡，我們如何自我定位，以讓我們能相互合作，並分享合作的利益；第三，我們怎樣去調適兩性，而且依靠這兩性關係延續人類生命的事實。

個體心理學發現，人所有的問題可以歸納成三大類：職業性、社會性，及性方面的問題。每個人對這三個問題的回應裡，都不免透露出個人對生命意義的詮釋。打個比方，假設有一個人愛情生活不如意，或缺乏愛情滋潤，職業表現不彰，朋友寥寥無幾，而且與別人接觸時感覺痛苦不堪。那麼，由於他的自我設限，我們可以總結說，他把活著視為一件既艱難又危險的事情，機會稀少，失敗連連。他行為上的狹隘為他表達出意見：「生命指的是保護自己，避免受傷，封閉起自己，不受傷害。」

另一方面，假設有一個人愛情關係既親密又契合，工作成就卓著，朋友很多，人際接觸廣泛又豐碩。那麼，我們可以做出結論說，這個人把生命看成一件創造性十足的差事，充滿機會，沒有克服不了的挫折。他面對所有生命問題的勇氣，就像是在解釋說：「生命指的是對人有興趣，成為全體的一分子，並為人類福祉貢獻一己之力。」

第一章之二

社會感

在這裡我們會找出所有錯誤的「生命意義」和所有真實的「生命意義」的共同點。神經症者、精神病人、罪犯、酗酒者、問題兒童、自殺、變態和賣淫的人，所有這些人的失敗，都是因為他們欠缺同伴感和社群興趣引起的。碰到工作、友誼和性方面的問題時，他們對透過合作來解決問題的方式沒有信心。這表示生命對他們的意義是私己的：沒人能由他們個人的成就裡獲益。他們成功的目標其實是一個純粹假想的優越目標，他們的成功只對自己有意義。

以殺人犯為例，他們坦承殺人是出於手裡拿著武器時的一股權力感作祟，但這明顯表示，他們的重要性只止於對他們自己。對於其他人的我們，我們想也想不透，怎麼有一件武器在手就可以產生優越價值來。一個私己的意義其實一點意義都沒有。唯有交流，意義才可能真實：只對一個人有意義的話，實際上是毫無意義的。我們的目標和行為也一樣：它們唯一真實的意義，就是對他人有意義。每個人都努力想讓自己變得重要，但如果不能認清自己的重要性，讓自己對他人生命做出的貢獻，則人始終有錯。

「為社會服務奉獻」

有一個小教派教主的故事。有一天，她召集所有信徒，和他們說世界末日將在下個星期三來臨。她的信徒深信不疑，馬上變賣財產，不顧世事，一心企盼著這場大災難。到了星期三這天，一天如常過去。星期四他們找教主要求解釋：「看看妳是怎麼把我們搞得一團糟。我們拋棄一切，告訴所有遇到的人說，世界末日將在星期三來臨，當他們譏笑時，我們不但一點也沒灰心，還再三強調它的真實性。如今星期三來了又去，一切卻相安無事，世界依然存在。」

這位女先知辯護說：「但是我的星期三，不是你們的星期三。」在此方式下，她以一個私己的意義來自我抗辯。一個私己的意義永遠無法測試和獲得證實。

所有真實的「生命意義」都有一個特徵，就是它們皆是普通的意義，他人能夠分享與接納的意義。一個有效解決生命問題的方法，往往也為他人樹立典範，因為我們會由其中看見常見的問題。即使天才也不過被定義為「至高無上的有用性」：當某個人的生命對多數人具有重大意義且獲得認同時，我們即稱他為天才。所以，天才賦予生命的意義往往即是：「生命表示貢獻全體人類。」在這裡我們不是在表白動機，我們暫且放下這類主張不談，反而把重心放在具體成就上。遭遇生命問題的人成功克服問題，彷彿他澈底和自然地認清生命的基本意義，就是為他人的利益著想，並與他人合作。他做的每一件事情似乎都是為了人類同伴的利益，他以不影響他人的利益為前提，試圖克服個人遭遇的難題。

或許對許多人來說，這是一個全新的觀點，而且可能懷疑我們說生命的意義實際上是貢獻，為他人的利益著想，並與他人合作的這個說法正確與否。他們可能問說：「但個人呢？」如果總是為他人著想，為他人的利益奉獻，那麼他個人不是會受傷害嗎？有些個人為了獲得適當發展，他們不是至少得先為自己著想嗎？有些個人不是應該先學習保護自己的利益，或強化他們的個性嗎？

我相信這種觀點是個極大的錯誤，而且它所提出的問題是虛假的。如果一個人希望他的生命意義是提供貢獻，而且他致力往此目標前進的話，那麼自然會朝能夠讓他做出貢獻的最好方向去發展。他會讓自己符合目標：他將發展出社會感，並且透過實際參與取得更多技巧。一旦目標設定完成後，訓練即接踵而來。之後他會開始自我充實來解決人生問題及發展能力。讓我們拿愛和婚姻為例。如果我們對伴侶有興趣，盡力舒緩和豐富伴侶的生命，我們自然會展現我們所能夠做到的最好一面。假如我們認為必須像吸塵機般發展個性，不願為他人的生命做任何貢獻，我們只會變得專制和不快樂。

生命的真實意義取決於貢獻和合作的推論，裡面含有另一個暗意。如果我們環顧今日由前人處繼承而來的週遭，我們看見什麼？現在我們擁有的一切都是前人為人類生命貢獻的遺跡。我們看見耕種的土地；我們看見道路和建築物。透過傳統、哲學、科學和藝術，及處理人類狀況的技術，我們看見他們人生經驗的果實。所有這些事物，都是為人類福祉貢獻的先人遺留給我們的。

那麼，其他人呢？那些從未和人合作，有其他生命意義，只問：「我能由生命裡獲得什麼？」的人，他們死後未曾留下痕跡。他們不僅死了；他們的生命亦毫無價值。彷彿我們的地球和他們說了：「我們不需要你。你不適合生命。你的目的和努力，你自認的價值，你的心靈沒有未來。走開吧！我們不要你。離開這個人世消失吧！」不把合作當作生命意義的人，他們獲得的最後判決總是：「你毫無用處。沒人要你。走吧！」當然在現今的文化裡，我們能夠找到許多的不完美。我們發現有不怎麼令人滿意的地方，必須改變；但是這個改變必須以人類福祉做進一步貢獻為宗旨。

一直以來都不乏有人明白這個事實，了解生命的意義是為維護全體人類的福祉，並且試圖發展社會興趣和愛。我們發現所有宗教信仰皆關切人類的解救。世界所有重大的演變皆以增進社會福祉為目標，而宗教即朝此方向進行最大努力。然而，宗教經常被誤解，除了既有的努力外，它們很難再做更多，除非這個人類共同的目標更進一步發揚光大。個體心理學以科學方式達成相同結論，並且建議以科學方法來達成這個目標。我相信這是往前的一步。也許科學增進人類對其他人類夥伴和全體人類福祉的利益，能夠比其他如政治或宗教等所主導的變革達成更多。我們以不同角度看待一個問題的同時，立意依然相同——增進他人的利益。

由於我們所賦予生命的意義，就和以往一樣，變成生命的守護天使或慾望的惡魔，所以了解這些意義的形成原因，及如何修正以避免鑄成大錯，顯然對我們極為重要。所以心理學的角色明顯不同於生理學或生物學：讓我們對意義，及它們對人類行為和人類命運的影響有一個了解。

第一章之三
早期童年經驗

從我們最早期的初始摸索開始，我們就已能夠辨識出這個「生命的意義」。即使一個嬰兒亦努力探查他個人的力量和他在所處世界的分量。生命抵達其第五十年末期時，一個人已經採納一個統一和具體的行為模式，擁有他個人與眾不同的風格面對問題和工作，我們稱之為他的「生活風格」（Life Style）。他對世界和對他自己的期許，已經建立出一個最深層和最長久的概念。從此以後，他以一套既定的眼光來看世界。他先詮釋經驗再決定接納它們與否，而這詮釋總以這個小孩賦予生命的原始意義為根據。

即使這個意義嚴重錯誤，即使我們面對問題和工作的方式被誤導，導致我們一直不幸和不快樂，我們從未準備放棄它。唯有重新思考詮釋有過失的狀況，認清過錯和調整既定的眼光，我們對生命意義認知上的錯誤方能獲得修正。在極少數情況下，或許一個誤導的方法所導致的後果，能夠強迫一個個體調整他給生命的意義。接著他可能成功自行調整出正確的方法。然而，若沒一些社會壓力，或他未領悟若繼續老方法等於是自我毀滅，他絕不可能跨出這一步。總體而言，調整一個個體生活風格的最有效方法，就是去尋求某些受過心理學訓練，了解這些意義的人的協助，幫助他找出錯誤根源，並且給他建議一個較適當的意義。

讓我們來對童年狀況可能不同的詮釋，做個簡單說明。童年不愉快的經驗可能製造相當反面的意義，因此導致不同個體對生命意義的詮釋大相逕庭。舉例而言，一個人可能暗自深陷在童年不愉快的經驗裡，所以一直在未來尋求彌補。他會認為：「我們必須努力去除這些不幸狀況，確保我們的小孩在更好的狀況下成長。」另一個有類似經驗的人可能感覺：「生命不公平。其他人總是獲得最好的東西。如果這個世界如此對待我，為何我還應該要對待這個世界好些？」所以有些父母會批評他們的小孩說：「我小時候也受一樣多的苦，但我還不是挺過來了。為什麼他們不應該和我一樣？」第三個人可能感覺：「由於我的童年不快樂，我應該獲得原諒。」無論是哪一個案例，他們對生命意義的詮釋都顯現在行為上，而且除非他們改變詮釋，不然他們的行為永遠也不會改變。

這即是個體心理學由決定論分歧而出的地方：沒有任何一個經驗本身即是成功或失敗的導因。我們並非因經驗的震驚而受傷害，亦即所謂的創傷（Trauma），而是利用它們來滿足我們的目的。我們並未受經驗驅使，而是根據我們給予它們的意義來自我驅策；當我們拿特別經驗做為未來生活的根據時，當然我們即蒙受某種程度的誤導。意義並非取決於狀況而有所不同。我們依我們給予狀況的意義來做決定。

☼生理障礙

然而，某些童年狀況經常導致嚴重錯誤的意義，而且大多數失敗皆來自經歷類似狀況的兒童。嬰兒時期經歷身體殘障、疾病或病痛的兒童即屬此類。這類兒童經歷許多艱苦，而且發現難以感受貢獻社會即是生命的意義。除非有一位與他們親近的人，能夠協助他們把注意力由本身問題上移開，讓他們對別人產生興趣，否則他們多半會沉溺在自己的世界裡。而且在今日社會裡，同輩的憐憫、嘲弄或排斥可能亦更加深他們的自卑情結。這些所有狀況可能讓這類兒童變得內向，失去扮演一個社會有用分子的希望，及以為他們個人遭世界欺侮和屈辱。

我認為我是描述生理器官不健全，或腺分泌異常兒童所遭遇困難的第一人。這門科學雖已獲得長足進展，但卻幾乎不沿襲我所樂見的路線發展。一開始我的出發點是在尋求克服這些困難的方法，並非把這些失敗歸咎於遺傳或生理狀況。沒有一項生理缺陷足以迫使一個個體發展出一種扭曲的生活風格。我們從未發現兩個缺陷相同的兒童受到完全相同的影響。其實，我們經常看見兒童克服他們的困難，而且在克服困難的過程裡，他們發展出不尋常的有用技能。

因此，個體心理學不是一個優生選擇計畫。許多卓越人士，對我們的文化有極大貢獻者，他們天生即有生理缺陷；許多人為健康不佳所苦，有些人英年早逝。這些人在和生理與物質困難艱苦奮鬥的過程裡，經常開創出領先和發明。奮鬥使得他們堅強，反而讓他們奮勇向上。我們不能單憑生理徵兆來評判心靈發展方向的好壞。不過，迄今大多數天生具有生理和內分泌缺陷的兒童，皆未獲得正確方向的訓練。他們的困難未獲了解，因此大部分變得非常自我中心。這即是我們發現，早期有生理失能負擔的兒童，何以會有如此多失敗的原因。

☼ 驕縱

第二個經常把生命的意義導向錯誤詮釋的狀況是驕縱的兒童。被寵壞的小孩在別人對他期許極低的環境下長大。他被授予不勞而獲的權力，而且他會逐漸以為這權力是與生俱來。結果只要他不是別人注意力的焦點、別人不把他的感覺做為第一前提時，他即會大感挫敗。他主要的興趣目標是他自己，而且他從未學習合作的用處和必要性。當他遭遇困難時，只有一個解決辦法，即是求助於人。他相信只要能夠重獲權力的地位，就能夠強迫別人認同他很特別，而且理所當然地認為他應該獲得想要的一切。如此一來，他的地位才會獲得改善和提升。

長大成人後，這些寵壞的小孩可能成為社會上最為危險的一群。他們中有些人可能展現親切的一面，甚至可能變得非常「惹人憐愛」，以維護支配他人的機會；但是當被要求像正常人那般與他人合作，履行平常人的工作時，他們即抗拒不從。有些人則公然挑釁：當他們不再能找到唾手可得的溫暖和默從時，他們即感覺被背叛，感覺整個社會與他們為敵，所以試圖以報復回報。而且如果社會對他們的生活方式顯現出敵意（大有可能），他們即拿這份敵意做為個人遭惡劣對待的新證據。這即是懲罰永遠沒用的原因。他們純粹認為「每個人都和我作對」。但是無論寵壞的兒童抗拒不從或公然挑釁；無論他試圖以哀兵姿態來滿足其支配欲或以暴力報復，其實他的行為完全源自他對世界的觀點錯誤。我們甚至發現，有人視情況而定兼用上述兩種方法。他們的目標維持不變。他們感覺「生命是老大心態，我要被認同為最重要的人，取得我想要的一切東西」，只要他們保持著這種生命的意義，他們採用的每個方法都會是錯誤的。

☼ 冷落

一個受冷落的小孩容易經常犯下錯誤。這樣的一個永遠不明白愛和合作的感覺。他對生命所架構出來的詮釋，就是不包含這些正面的力量。當他面對生命的問題時，不難了解他會高估困難和低估自己擁有的能力，並且與他人的善意和協助結合，進而解決問題。他發現社會冷漠和不友善，而且會一直以為社會就是這樣。他尤其不會明瞭他做對別人有用的事情，能夠為他贏來愛和尊敬。因此，他會猜疑別人，也不能夠信任自己。

實際上沒有任何一個經驗能夠取代得了無私、無慾的愛。一個母親最重要的工作即是給予她的孩子一個「別人」值得信任的第一經驗。之後她必須擴展和加深這信任感，直到它成為這個小孩的成長環境。如果她沒做好這第一個工作，為小孩建立社會興趣、愛和合作的觀念，小孩將難以發展出參與社會的興趣，及難以與周遭他人產生夥伴感。每個人都有對他人有興趣的能力，但這個能力必須訓練和練習，否則它將發展不良。

假如我們研究一個極端受冷落、受憎惡或受遺棄兒童的個案，我們可能發現他懵懂不知有合作這個意義的存在，自我隔絕，不能夠和他人溝通，澈底不知所有能夠協助他和別人相處的東西。但是，如我們已有的了解，在這些狀況下成長的一個個體會腐壞。一個小孩能成功度過嬰兒期存活下來的事實，證明他獲得某些程度的關心和注意。因此，沒有完全受冷落的兒童案例；我們只有獲得少於一般照料，或某方面受冷落的兒童。總而言之，有足夠的資料顯示，受冷落的兒童即是實際上從未發現他人「值得信任」的兒童。在我們的文明裡，要說生命裡如此多的失敗都來自孤兒或私生子，而且必須把這種小孩納入受冷落小孩的一群，我們真的很悲哀。

上述三個狀況：生理障礙、驕縱和冷落，經常讓人對生命的意義做出錯誤的結論。經歷這些狀況的兒童，在調整解決問題的方法上幾乎總需要協助。他們必須獲得協助，對生命產生較佳的了解。假如我們留意這些人，實際意思是說，如果我們對他們真有興趣，及以此方向訓練自己，我們將能夠由他們的行為裡，看出他們對生命的詮釋。

第一章之四

初始記憶與夢

一項針對夢的調查結果可能有用：一個人在夢中生活裡的個性，相同於實際生活，但在夢裡，社會要求的壓力較不激烈，由於保護和隱藏較少，人的個性將真實呈現出來。然而，剖析夢最大的幫助，是打開一個人儲藏他所賦予自己和生命意義的記憶庫。每個記憶，無論他認為多麼微不足取，都一樣重要，因為它們一定有其意義存在，所以他才會把它們記憶下來。而且每個記憶代表他看待生命的一幅圖畫。它（記憶）和他說：「這是你必須期待的東西。」或「這是你必須避免的東西。」或甚至：「生命就是這樣！」我們必須再次強調，經驗本身不像它在記憶裡留下的意義重要，而且這個意義被做為建立生命意義的參考。每一個記憶皆是一個經過小心選擇的備忘錄。

早期童年記憶特別有用，它們顯示出個體對生命具有某個特別看法已有多久，而且可以展現出他在什麼狀況下，形成他對生命的第一個態度。最初，記憶佔有重要地位原因有二。首先，它包含個體評估自我和所處狀況的基礎。是他對自己外表的第一個結論，是他第一個或多或少代表自我的徵兆，是他對加諸身上要求的第一印象。其次，它是他主觀的出發點，是一生寫照規畫的開始。因此，我們經常發現，它是一個對狀況脆弱、不適當的認知，及有力、安全理想目標間的對照。一個個體最初始的記憶，是否真是他能夠記得的首次事件，或是否為一個真實事件的記憶，這些對心理學的目的並不重要。記憶重要的是它們所代表的意義，它們對生命的詮釋，及它們對過去和未來的意義。

讓我們來審視一些初始記憶的例子，看看它們代表哪些「生命的意義」。「桌上的咖啡壺掉下來，把我燙傷了。」生命就是這樣！以此方式開始一生的女孩，她充滿一種無助感，及高估生命裡的危險和困難，我們對她有這種發現一點也不驚訝。我們也不該驚訝在她的心裡，老是會有一股別人沒把她充分照顧好的感覺。一定有人不小心，才會讓這麼小的孩子暴露在這種危險之中。我們由另一個初始記憶裡看到一個類似的圖畫：「我記得三歲時由嬰兒車上掉下來。」這個初始的記憶導致一個不斷重複的夢：「世界即將毀滅，我在半夜醒來，發現天空被火燒得通紅。星星殞落，我們即將撞擊另一個星球。但我卻在撞擊發生前驚醒過來。」說這話的病人是一個學生，當被問及是否有令他害怕的事情時，他回答說：「我害怕我的生命不能成功。」這清楚顯示他的第一個記憶和他不斷重複的夢讓他情緒低落，導致害怕失敗和發生大災難。

一個十二歲的男孩由於遺尿症（尿床），並不斷與母親作對而被帶來診所。他說出他第一個記憶是：「媽媽以為我走丟了，跑去街上喊著我的名字找我，我大受驚嚇。其實我人一直躲在家裡的碗櫃裡。」我們能夠從這個記憶找出詮釋：「生命表示——惹麻煩就能引起別人的注意。藉由欺詐的方式取得安全感。雖然我受監視，但我能愚弄別人。」他的遺尿症即是保持自己成為別人擔憂和注意中心的一個最佳方式，而他的母親確認他會如此詮釋生命，是源自她的焦慮和小題大作。

和先前例證一樣，這個男孩早期獲得的印象是：生命在外在世界裡充滿危險。而他歸納出結論，只有使其他人掛慮他，他才會安全。這是他能夠確保自我安全的唯一方式，若他需要，別人就該保護他。

以下是一個三十五歲女性的初始記憶：「黑暗中我正下著樓梯，這時我的一個堂兄，年紀比我稍大一點，突然打開門跟在我的後頭。我很怕他。」可能由於這個記憶，所以她從小就不喜歡和其他小孩玩耍，異性尤其更讓她特別不安。我猜測她是家中獨生女，證實也確實如此，如今三十五歲的她依然小姑獨處。

以下的記憶顯示出一個更高度發展的社會感：「我記得媽媽讓我推妹妹坐著的嬰兒車。」然而，在此案例下我們發現，只有和較弱小的人在一起時，這個人才顯出舒適的徵兆，也許這個人非常依賴母親。當家裡有新小孩時，取得家裡較大的孩子合作，讓他們幫忙照顧，使得他們對家裡的新成員發生興趣，並要為他的幸福分擔責任，這是最佳的方式。如果父母能夠取得他們的合作，較大的孩子就不會產生「這個小嬰兒獲得全部的注意力，並且取代了他們的重要性，然後他們必須要爭寵。」這種想法。

與他人為伍的欲望並不表示對他人真正有興趣。有一個女孩被問及她的第一個記憶時回答說：「我和姊姊和兩個女生一塊兒玩耍。」由這裡我們當然能夠看出一個小孩接受社交訓練。不過，她提起她最大的恐懼是：「我害怕自己孤單一個人。」我們獲得一個全新的看法，因此，我們可以看出這是她缺乏獨立感的徵兆。

一旦我們找到，並了解一個人的生命意義後，我們就有開啟他全部個性大門的鑰匙。偶爾有人會說：「江山易改，本性難移。」但這句話只適用在個性癥結從未被解開的人身上。誠如我們的了解，如果不找出原始癥結，再多辯論或治療亦無濟於事，唯一能獲得改善的方法就是讓一個人透過訓練，採取一種更合作和更勇敢的態度來面對生命。

第一章之五

學習合作的重要性

合作是我們對抗神經症傾向的唯一保護。因此，小孩應該接受合作的訓練和激勵，應該允許在同齡小孩裡找出自己的方向，像一般工作和享受遊戲都是非常重要的。任何妨礙合作的障礙，都會導致嚴重後果。我們拿寵壞的小孩為例，他們只學會維護自我利益，只對自我有興趣，所以他們也會帶著這份對別人缺乏興趣的感覺去上學。他對功課有興趣，是因為他以為這樣就能取得老師的喜愛。他只會聽取他認為對自己有利的東西。隨著他逐漸長大成人，缺乏的社會感會愈來愈明顯。從他曲解生命的意義開始，就終止責任和獨立的訓練。如今只要遭遇到任何生命的測驗和疑難，他就因本身應付能力的不足而痛苦不堪。

我們不能把這個小孩早期的錯誤歸罪給大人。當他開始為後果所苦時，我們只能協助他做補救。我們不能期待一個從未學過地理的小孩拿到地理科目測驗的高分。同樣道理，我們不能期待一個從未受過學習訓練的小孩，做一個需要合作的工作時，有得體的表現。但人若要解決人生的問題，就必須具有合作的能力；每一項工作必須符合人類社會的體制，每一個工作的方式都必須以進一步推展人類福祉為目標。只有了解生命意謂貢獻，才能夠以無畏的勇氣面對困難，並且有機會成功。

如果老師、父母和心理學家，了解有哪些錯誤能夠誤導他們的生命意義，而且只要他們不再犯下相同錯誤，我們就能有信心讓這些缺乏社會感的小孩，發展出較佳的能力和機會。當他們遇見困難時，他們不會停止嘗試；他們不會尋求容易脫身的辦法，試圖逃避或把負擔加諸在別人的肩上；他們不會感覺受羞辱和尋求報復，或提問：「生命有何用處？我們能由它那裡獲得什麼？」他們會說：「我們必須創造自己的生命。這是我們個人的工作，而且我們有能力做到。我們是自己行為的主人。如果有新事要做或有舊東西要拋開，除了我們自己，沒人能夠做到。」假如生命以此方向前進，在獨立的人類的合作下，人類文明的演進將無疆無界。

WHAT

【第二章】

LIFE

心與身

COULD MEAN TO YOU

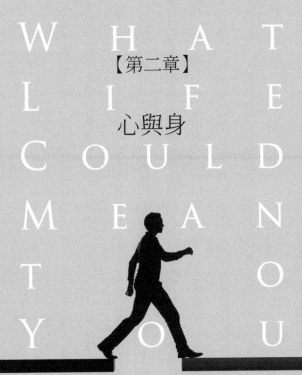

第二章之一

心與身的互動

人總是為心支配身或身支配心的問題辯論不停。哲學家亦加入爭議行列，各自支持前述其中一個觀點。他們自稱是所謂的理想主義者或物質主義者，提出的論點數以千計，但這問題似乎尖銳如前，依然懸而未決。也許個體心理學能夠為其解答提供貢獻，因為個體心理學真正關切的是心與身的日常互動關係。一個人，帶著他的心與身來找我們做治療，倘若治療錯誤，我們就不能幫助他。因此，我們的理論必須以經驗為基礎，而且必須通過實際應用的測試。我們必須處理這些互動的結果，而且極有可能找出正確的觀點。個體心理學發現，去除許多來自這個問題的緊張和衝突。它不再單純是一個「非A即B」的議題。我們發現心與身兩者皆是生命的表徵。我們開始明瞭，它們在生命全體裡的交互關係。人類生命依靠演化延續，光靠身體的發展還不足夠，因為演化隱喻智慧的管理。

一棵植物根深蒂固，它停留在某處移動不了。所以，若我們發現一棵植物有心靈，或擁有我們能夠了解的某種知覺，會相當令人訝異。如果連一棵植物都能預見後果，那麼機能對它即毫無用處。如果這棵植物能夠思想：「有人來了。一會兒他便會踩到我，我會不會被他踩扁呢？」這對它又有何益處呢？因為反正它怎麼也移動不了。

然而，所有會移動的東西都能預估事件，及決定移動方向。這意味它們擁有心靈或靈魂。

「知覺，當然你有，不然你就不會有行動。」《哈姆雷特》第三幕，第四景。

這種期待和直接的行動能力是心靈原則的中心。只要對它有所認識，我們就能夠了解心如何支配身：心為身的動作設定目標。只是研究剎那突發的一個動作的動機永不足夠：這個努力一定有其目標。由於這是心靈決定行動目標的機能，所以心靈具有駕馭的力量。但是由於身體負責動作，所以身體對心靈亦具有一定的影響力。心只能在符合身體的機能和極限下，支配身體動作。舉例而言，假如心要身移去月球，除非能找到克服體能極限的技術，否則它的要求一定會失敗。

人類的動作遠較其他生物為多。不僅以更多方式動作，我們更可由手部所能動作的複雜度取得了解，而且人有能力藉由動作來影響環境。因此，我們或許期待人類心靈的前瞻力會高度發展，及會有明證展現人類為改善環境而努力和奮鬥。

此外，我們發現，每一個人為部分目標，做部分動作的背後，存在著一個單一或總括的動作和目標。我們所有的努力都是為了獲取一種安全感、一種所有生命難題都被克服、最後與周遭狀況合而為一的安全和勝利的感覺。為了達成這個目標，所有動作和表現都必須協調和統一。為了達成一個終極的理想目標，心被強制發展。

身體亦同，亦努力變得和諧；朝一個它在胚胎時期即已存在的理想目標發展。舉個例子，如果皮膚破了，身體會將它再度修復。然而，身體的潛能並不純粹單獨擴展；心靈能夠協助它的發展。心靈鍛鍊的價值，及總體的心靈衛生概念，已大幅獲得證實和推崇。在心靈朝此終極目標努力的補給下，這些都是輔助身體發展的工具。

從生命的第一天開始，到結束的最後一日為止，這種成長和發展的夥伴關係持續不斷。身與心做為一體兩個不可分的部分合作著。心靈像個馬達，探尋身體所有能夠發現的潛能，幫忙為它帶來安全性和堅固性。我們可由身體的每一個動作，每一個表情和表徵裡看出心靈目標的印記。一個人移動：那個動作一定有其意義。他移動他的眼睛、舌頭、臉部肌肉：他的臉有了一個表情，一個意義。是心靈把意義寫在臉上。現在我們能夠開始了解心理學，或心靈科學真正處理些什麼問題。心理學的目的在探索一個個體所有行為表現的意義，找出他的目的，再與其他人的目的做比較。

心靈在努力獲取安全感時，總是把目標具體化：計算安全感在哪裡及它如何能取得。當然它可能在這裡轉錯方向，但是如果沒有一個明確的目標和清楚的方向，就不可能會有動作。如果我移動手臂，我的心裡對此動作一定已有目標。心靈所選擇的方向有時可能導致災難，但這方向之所以獲選是因為心靈被朦騙，誤以為這個方向最為有利。安全感是所有人類尋求的共同目標，但有些人卻做出錯誤的結論，往錯誤方向出發，以致誤入歧途，自我墮落。

如果我們看見一個表情或徵兆，卻無法辨識它背後的意義，那麼了解的最佳方式，就是要把它的輪廓減少，讓它成為一個赤裸的動作。讓我們拿偷竊這個行為為例。偷竊是一個人把財富由別人那裡移到自己身上的動作。現在讓我們來檢視這個動作的目的：偷竊的目的是讓一個人變得富有，藉由擁有更多財富來感覺更安全。因此，這個動作的出發點，源自一個貧窮和被剝奪的意識。接著找出這個個體處於哪種狀況，及會在哪種處境下產生被剝奪的感覺。最後，我們能夠檢視所改變的這些狀況，及克服被剝奪感覺的方式正確與否。是否往正確方向前進，或已經誤用了所需安全感的方式？我們無須批評最後目的，但我們或許能夠指出獲取的方式錯誤。

如我們先前在第一章裡的介紹，在生命的前四或五年裡，個體心靈的和諧就已建立完成，心與身的關係亦已形成。在此期間裡，接納遺傳而來的品質，及由周遭環境接收而來的表現，再運用它們來追求自我的優越。個性在生命的第五十年末期架構完成。生命的意義、追求的目標、為人處事的風格，及情感傾向皆已定型。如果能夠把自己由童年所得到誤導的態度中釋放出來，那麼才可能改變。先前所有的思想和行為都根據對生命的詮釋而起，所以如果能夠修正先前錯誤的觀念，那麼思想和行為即會以此新解釋為基礎。

一個個體透過知覺與周遭環境接觸，接收環境所提供的意義。因此，我們能夠從訓練身體的方式裡看出準備接收哪些來自環境的訊息，及製造經驗的用處。假如我們留意他人看與聽的方式，及什麼能吸引他的注意力，我們就能夠對他有更多了解。這就是手勢何以如此重要的原因。它告訴我們一個人如何訓練他的知覺，及如何使用它們來做表達。每個手勢都有其意義。

現在我們能夠為生理學的定義做補充。心理學透過敏感的身體表徵了解個體的態度。我們亦能夠開始看出人類的心靈如何有極大差異。一個對環境適應不良，難以滿足環境需求的身體通常會變成心靈的一個負擔。因此，天生具有生理缺陷的兒童，他們精神發展往往較遲緩。他們的心靈較難影響，也較難驅策、控制他們的身體往一個優越地位發展。如果他們想要獲得一樣的安全感，他們的心靈需要更努力，而且精神必須較其他人更集中，所以心靈變得負擔過度，而且變得自我中心和自我優越。若一個小孩把全副注意力擺在生理缺陷和行動障礙上頭，他不會去注意自己以外的事物，他會覺得自己既沒時間，亦沒自由去對別人發生興趣。所以，他長大後會較少有社會感和合作能力。

生理缺陷帶來許多殘障，但這些殘障並不代表是無可逃避的宿命。如果心靈保持活躍，賣力工作克服障礙，那麼有生理缺陷的個體，很可能變得和生理健全的人一樣成功。其實，有生理缺陷的小孩經常能克服身體的殘障，較其他天生較具優勢的正常兒童達成更高成就。舉例而言，有一個男孩，可能因天生弱視承受莫大壓力。為了看見東西，他比視覺敏銳的同齡小孩更努力和專心觀看：他給予有形世界更多注意力，更有興趣去分辨它的色彩和形狀。最後，他較其他沒有視覺障礙的小孩，更能欣賞有形世界。因此，只要心靈找到克服缺陷的方法，一個不完備的器官，反而能夠轉變成為偉大的長處。

知名畫家和詩人裡，有一大部分皆受視障之苦。這些缺陷被它們精心訓練的心靈克服，最後，相較於其他視力健全的人，他們的眼睛可以使用在更好的目標上。或許從有左撇子傾向的兒童身上，更容易看見同樣的補償作用。在家裡，或剛開始上學後，他們被訓練使用較不聽使喚的右手，所以，他們實際寫字，畫圖或做美勞的能力不夠完備。我們可能期待，如果心靈能夠克服這些困難，功能不健全的右手會發展出某種高度技能，而實際狀況正是如此。有許多左撇子小孩比正常小孩更會寫字、繪畫或做美勞。藉由發現正確技巧，誘激、訓練和練習，他們成功地把短處化為長處。

唯有希望為全體貢獻，而且不以自我為中心的小孩，才能夠教導自己，為自我的缺陷尋求補救。如果一心只希望擺脫自身的障礙，那麼他們將繼續落後於人。只有在內心有努力的目標，而且達成目標遠比眼前的障礙還重要的情況下，他們才能保有高昂的勇氣。

他們的興趣和注意力被導往哪裡是個疑問。如果朝自我以外的目標奮鬥，他們將非常自然地訓練自己，並自我充實以達成這個目標。困難對他們而言，只不過是成功之路上必須清除的障礙。在另一方面，如果他們一心想著自身的限制，或與這些限制抗戰，但求解脫之外毫無其他目標，他們就不能取得任何真正的進展。光想、光希望而不練，甚至逃避右手笨拙的現實，不能讓笨拙的右手變成巧手。惟有憑藉實際的練習，及未來如果做得好的激勵比目前笨拙感還重要的情況下，這隻笨手才能變得靈巧。若要一個小孩集合他的力量克服困難，他必須要有一個自身以外的目標：一個對現實、他人與合作有興趣的目標。

在一項有遺傳性腎臟病家庭的調查裡，我發現一個有關遺傳特質與可能轉變的良好例證。這些家庭裡有許多小孩皆罹患遺尿症，遺傳性生理失能是事實。它能由腎臟和膀胱功能的檢驗報告，或檢驗出囊腫性脊柱裂（Spina Bifida）獲得證明，而且它們經常併發腰部病變，這可用腰部皮膚長斑或黑痣驗定。然而，這並不表示遺尿症完全由此生理缺陷引起。小孩並沒完全愛惜他的器官：他以自己的方式來使用它們。我們拿某些小孩為例，他們會在夜晚尿床，但白天卻不會。有時候，這個習慣會在環境或父母的態度改變後突然消失。除精神殘障兒童外，如果小孩停止利用失能，做為他達成個人錯誤目的的手段，遺尿症是能夠治癒的。

然而，大部分患有遺尿症的小孩，所獲得的激勵是繼續尿床，而不是把它克服。一個有技巧的母親能給小孩適當的訓練，但如果母親沒有足夠技巧，孩子不必要的尿床傾向就會持續下去。有遺傳性腎臟或膀胱疾病的家庭，在排尿方面經常面臨許多壓力。因此，母親會錯誤地試圖遏止小孩的遺尿症。如果小孩注意到這個問題如此受大人關切，他可能會抗拒不從，這將給他絕佳的機會斷然反對訓練。一個抗拒父母給他做治療的小孩，總會找出一個方式，以他們眼裡最大的弱點來攻擊他們（父母）。

德國一位極為知名的社會學家發現，有相當驚人比例的罪犯，他們的父母都從事和打擊犯罪有關的工作，比如法官、警察或獄卒。教師的小孩學校成績經常遠不如人，這是我個人的經驗談。而且我也發現在神經症兒童患者裡，有一個驚人的數字顯示，他們是醫師的小孩；行為不正的小孩裡有牧師、或從事神職者的子女。類似道理，父母在排便問題上施加過多壓力的小孩，有很大機會是藉由遺尿症來展現自己的意志。

遺尿症也能提供我們一個例證，說明夢如何翻攪起我們的情感。尿床的小孩經常夢見他們起床上洗手間。如此一來，他們就有藉口；現在他們可以光明正大尿床。尿床的目的有數個：惹人注意、讓別人服從、獲得父母日夜的注意。有時它也被用來對抗父母；這個習慣是一份宣戰書。無論我們以哪種方式來看待它，遺尿症顯然是十分有創意的表達方式：小孩用膀胱代替嘴來說話。生理缺失提供他一個方式表達意見。

以此方式表達意見的小孩總是承受著某種壓力。大體上，他們是屬於喪失注意地位的被寵壞小孩。家裡或許有另一個小孩誕生，他們發現難以取得媽媽全部的注意力。所以遺尿症代表想更接近媽媽的企圖，即使這個方法不怎麼令人愉快。實際上，他是在說：「我沒像妳以為的那麼大，我依然需要被照顧。」

情況有變，或生理缺陷不同時，他們會選擇其他方式來達成目的。舉例而言，他們可能使用聲音來做接觸，換句話說，他們會在晚上哭鬧不休。有些小孩則夢遊、做惡夢、掉下床，或喊口渴要喝水，所有這些表現的心理背景都相同。會發生哪種症狀，一部分要視小孩的身體狀況而定，另一部分則取決於環境。

這類個案清楚顯示心靈的影響凌駕身體。心靈不僅影響一個特別生理症狀的選擇，也支配並影響全副體格。我們沒有直接證據可證明這個假設，而且難以看出證明如何成立。然而，證據似乎夠清楚。一個男孩如果羞怯，會反映在全部的發展裡。他不會關心生理發展；或他不會想像自己能夠做得到。結果，他不會做足夠的肌肉訓練，而且會忽視外在世界把肌肉發展視為正常的表現。其他容許自己有興趣去訓練肌肉的小孩，在體能上會較隔絕自己興趣的羞怯男孩，取得較佳的進展。

我們可由這類觀察歸納出合理的結論說，心靈影響身體全體的形成和發展，並反映它的錯誤或缺陷。我們經常藉由身體狀況觀察精神和情緒問題，看出一個人未找到滿意的方式，來彌補身體上的缺陷。我們拿內分泌腺為例，它們當然在生命頭四或五年裡會受到影響。分泌腺的缺陷未對行為發生強制影響時，會不斷受整體環境、小孩接收環境的方式，及他的心靈創造力的影響。

第二章之二

感覺的角色

我們把人類製造的環境改變叫做文化。文化是人類心靈驅使身體進行的所有動作的結果。我們的心靈啟發我們工作，引導和協助身體的發展。最終我們會發現，人類每一個表現皆以心靈目的為指標。這並不代表心靈的重要性就該被高估，除了有必要克服困難和體能障礙以外。因此，心靈以支配環境的方式充分運作，讓身體抵抗疾病、死亡、傷害、意外和功能失常。所以我們發展出能力，能夠感覺快樂和痛苦，及想像和辨識自我狀況的好壞。

感覺讓身體準備好對某狀況做出某一種回應。幻想和辨識是預測的方法，但它們的意義不僅於此。它們撩起合適的感覺，身體接著回應和做出動作。如此一來，一個個體以他賦與生命的意義，和他所設定的努力目標為根據，形成他的感覺。雖然感覺駕馭身體，但感覺並不完全以它為依歸：它們總是先以目標和生活風格為前提。

一個個體的生活風格，顯然不是支配行為的唯一因素。他的態度並非在沒有其他協助下引發行動。若要有行動，必須要有感覺做後盾。有了一個目標後，感覺隨之而起。所以這讓我們超越生理學或生物學的領域；化學理論或化學檢測解釋不了我們感覺的源頭。在個體心理學上，我們必須預先假設生理過程，但我們較有興趣了解心理的目標。以焦慮為例，我們不想知道它對交感和副交感神經有何影響，我們關切的是它有何目的。

在此態度下，焦慮不單是性壓抑，或難產經驗的夢魘而起，這類解釋太過廣泛。我們知道一個習慣有媽媽陪伴、協助和支持的小孩，可能出現明顯的焦慮，無論它的來源是什麼，這是他控制媽媽的好方式。我們也不滿意憤怒在生理學層面上的解釋；經驗告訴我們，憤怒是我們用來支配某個人或某個狀況的一種裝置。

我們由每一個個體身上看見，感覺會依個人目標的方向，進行某一層面的成長和發展。他的焦慮或果敢，快樂或悲傷，總隨著他的生活風格起舞：它們相對的力度和優越正與我們的期待不謀而合。一個藉由悲傷達成優越目標的人，不會為自己的成就感到快樂和滿足。他只有在感覺悲慘時才會快樂！我們也發現意志能左右感覺的出現或消失。一個有廣場恐怖症的病人在家裡或支配著別人時，焦慮的感覺便消失無蹤。所有神經症者因為想保有支配的地位，所以排拒每一種他們自覺不夠堅強的生活面。

一個人的感情和情緒和生活風格一樣固定。以懦弱的人為例，即使面對較弱小者會變得傲慢，或有人保護時會變勇敢，他仍然是一個懦弱的人。即使他家裝有三道鎖，養有看家狗並裝設防盜系統，他依然會辯稱自己勇若猛獅。沒人能夠證明他有焦慮感，但他不辭麻煩為自己架設層層保護，暴露出他個性裡的懦弱。

性和愛提供類似證據。性的感覺在個體心裡有性目的時發生。由於他集中全副注意力在性的目的上頭，他排除掉其他牴觸的知覺與不能相比的興趣，進而激起合適的感覺和功能。若缺乏這些感覺和功能，就會發生所謂的陽萎、早洩、性慾倒錯和冷感，這明顯表示他不願意排拒不適宜的知覺和興趣。這類異常總是受到錯誤的優越目標與錯誤的生活風格誘導而起。我們在這類個案裡總發現一個傾向，與其體諒伴侶，他們反而期待獲得伴侶的諒解，這表示他們缺乏社會感，缺乏勇氣和樂觀性。

我的一個病人，在家裡排行老二，為一股深沉不去的罪惡感所苦。他的父親和哥哥都出了名老實。七歲時，他告訴老師有一件家庭功課是他自己做的，但其實卻是他的哥哥代為捉刀。這個男孩埋藏內心的罪惡感整整三年。最後他跑去找老師，懺悔他撒了大謊，老師只一笑置之。接著他哭著去找他的爸爸，再次為自己的謊言懺悔。這次他稍微成功了點，父親很為自己的兒子說實話為傲，給他讚美和安慰。即使父親原諒了他，這個男孩依然繼續情緒低落。我們幾乎避免不了一個結論，這個男孩為證明自己的誠實和嚴謹，一直拿這項微不足道的罪行痛苦自責。家裡的高道德氣氛對他的自責感更是火上加油，他感覺在學校功課和人際關係上都不如哥哥，因此他試著以一種偏差的方式來達成自我的優越感。

年紀稍長後他又為另一形式的自我責備所苦。他自責，但卻無法澈底根絕學校作弊的行為，考試前他的罪惡感越發加深。這種狀況一直持續，自責感愈來愈深。由於他敏感的個性，他的心理負擔遠比哥哥沉重，因此每當他成就不及哥哥時他總有藉口可說。大學畢業後他計畫找一個技術性的工作，但罪惡感嚴重困擾著他，他整天祈禱乞求上帝的原諒，結果他當然沒時間工作。

這時他的精神狀況已經惡化到必須住進精神病院治療，病院認為他無法痊癒。不過，經過一段期間後，他有改善並出了院，但條件是如果他舊病復發就必須再入院接受治療。他辭掉工作回學校攻讀藝術史，學校考試日期就快到了。有一天他趁放假日去教堂，當眾跪倒在地放聲大哭說：「世人裡就屬我的罪孽最深重。」藉此方式他再次感覺對得起自己敏感的良心。

後來，他再進醫院治療了一段時間後回家。有一天他全身赤裸下樓吃午飯，他體格很好，在這方面能勝過哥哥和其他人。

他的罪惡感是讓自己顯得比別人誠實的裝置，而且是他努力獲得優越感的一種方式。然而，他的努力卻偏向生命無用的一面發展。他逃避考試和工作，證明他的懦弱，而且他的神經症，全是為了刻意迴避他害怕自己會失敗的舉動。他在教堂裡當眾自貶，和他赤身進飯廳等驚世駭俗的行為，也證明他以卑劣的方式來努力求取自我的優越感。他的生活風格使得他做出這個行為，而且他深陷其中，難以自拔的感覺正與他的目標謀合。

另外有一個證據或許更能清楚證明心對身的影響，這個現象大家比較熟悉，它導致暫時性，而非永久性的身體狀況。基於某種程度的事實，每一種感情都有它的身體表情。一個人會以某種型式展現出他的情感；我們或許能由他的手勢、態度、臉部或顫抖的四肢裡瞧見他的感情。同樣的改變也在他的器官裡發生。我們拿他臉色泛紅或轉白為例，這表示他的血液循環受到影響。憤怒、焦慮、哀傷和每一種其他感情，皆顯示在我們的「肢體語言」裡，而且每一個個體的身體都有自己的語言。

一個人處於恐怖狀況時，有的人身體會發抖，有的人則會毛髮悚立，或心跳加速。不過有的人則會直冒冷汗、呼吸窒息、聲音嘶啞或蜷縮身體。有時候身體會平衡不良，或失去胃口或嘔吐。

有些人膀胱受影響；有些人則是性器官受影響。許多小孩考試時會感覺有性衝動，眾所皆知罪犯在犯罪後經常會去找妓女或女友發洩性慾。在科學領域裡，我們發現有些心理學者宣稱性和焦慮連袂並進，有些則認為這兩者沒直接關聯。這些都是他們依個人經驗為基礎做出的主觀看法。所以他們才會有的人說有關聯性，有的說沒有。

所有這些反應依個體的不同而有差異。研究報告可能顯示這類反應和遺傳有某種程度的關係。屬於這類的身體表徵，經常暗示一個家庭有哪些弱點和特質，其他家庭成員對相同狀況亦可能出現類似的身體反應。然而在這裡最有趣的事情莫過於了解感情，及心靈如何能夠牽動身體的狀況。

感情和身體表徵告訴我們，心靈如何對一個它詮釋為好或壞的狀況運作和回應。我們以一個人脾氣爆發為例，這個人希望盡快克服他的困難。對他而言，打架、責罵或攻擊另一個人似乎是最佳方式。這股憤怒跟著影響他的器官動作或緊張起來。有些人生氣時會胃痛，或臉部泛紅。如果血液循環受影響至某一程度，他們一定會開始出現頭痛現象。一個人若壓抑怒氣或羞辱感，通常會引起偏頭痛或習慣性頭痛；有些人生氣時三叉神經痛或癲癇會發作。

感情影響身體的方法尚未完全獲得了解，而且也許我們永遠都了解不了。精神緊張對自主和非自主神經系統兩者皆會造成影響。一個人緊張時，自主神經系統會開始行動。這個人會敲打桌面，咬指甲或撕碎紙張。只要他精神處於緊繃狀態，他似乎一定得做出某些動作。咬鉛筆或指甲能給他宣洩緊張的出口。這些動作告訴我們，他感覺受某種狀況脅迫。一樣道理，無論他在陌生人群裡會臉紅，身體開始發抖或筋肉局部痙攣；它們都是因焦慮和緊張而起。非自主神經系統把緊張傳輸給身體各部分，因此整副身體都會受緊張情緒的影響。然而，緊張的表現不一定像上述症狀一樣明顯，我們在這裡只舉出一些因神經緊張所引起的身體症狀給大家參考。

如果更深入探討，我們會發現身體的每一個部分，都能做為一種感情的表徵，而生理表現是心與身互動關係的結果。找尋這些心靈影響身體的交互動作對我們很重要，因為心靈和身體是我們所關切的一體，是兩個不可分的部分。

我們可由這些證據歸納出合理的結論說，一個人的生活風格和宣洩感情的方式，持續影響身體的發展。如果一個小孩的個性和生活風格，在他極早期的生命裡就已定型，如果我們經驗夠豐富，藉由探索他在後期生命裡所表現出來的生理狀態，應該能夠取得對它們的了解。一個勇敢的人會把精神態度顯現在他的體格上。他的軀體會異於常人，肌肉較其他人結實，身形比其他人更挺拔。姿態可能對身體的發展產生相當的影響，或許亦使肌肉發展較佳。勇敢的人臉上的表情常與人不同，最終五官面貌皆受影響，甚至連頭蓋骨都可能受影響。

如今我們很難否定心靈能夠影響腦部的論點。病理學上有案例顯示，一個因左腦傷害喪失閱讀或寫字能力的人，能夠藉由腦部其他部分的訓練重獲此能力。這種情形經常發生在中風、腦部受傷無法復原的病人身上。腦部的其他部分彌補，並且恢復受傷器官的功能。這個事實重要地說明個體心理學可能的教育性應用。如果心靈能夠對腦部產生如此的影響，如果腦不再是心的一個工具——一個最重要的工具，且僅是工具而已——那麼我們就能夠找到方法來發展和改善這個工具。沒人需要一生受腦部的限制生活：可能找到訓練腦部的方法，讓腦更符合生活的需要。

一顆已往錯誤方向設定目標，不去發展合作能力的心靈，將無法對腦部的成長進行有幫助的影響。因此，我們發現許多缺乏合作能力的小孩，他們在年紀稍長之後，智能或理解的能力並未充分發展。由於他長大成人後的表現，皆以他在四、五歲時所建立的生活風格為依據，由於他對世界的觀點，及賦予生命的意義對別人毫無意義，所以我們發現他深受有合作障礙之苦，我們也會協助修正他的失敗。在個體心理學上，我們已朝此建立好第一步。

第二章之三 精神特質與生理類型

許多作者指出，心與身之間一直存在著一種關係。不過似乎沒人試著去找出，這兩者間的橋梁或關係。以克雷契瑪（Kretschmer）為例。他描述我們如何能藉由研究一個人的生理特質，來找出他相對的精神和情感。所以他能夠以身體類型作為分辨的基礎，把人類加以分門別類。

舉例而言，Pyknoids是圓臉、鼻子短和有肥胖傾向的類型，亦即莎士比亞在凱撒大帝作品裡形容的那一類人：「讓圍繞我四周的人肥胖；頭圓，一夜安睡到天明。」**凱撒大帝，第一幕，第二景**

克雷契瑪拿這一類體格對比某種精神特質，但他並未清楚說明做這一類對比的理由。在我們的社會裡，具有這類體格的人並未出現生理缺陷；他們的身體非常合乎我們的文化。生理上他們感覺自己和其他任何人一樣良好，他們對自己的力量有信心。他們精神不緊張，而且如果需要抗爭，他們自覺有抗爭的能力。不過，他們不需要把別人當成敵人，或以為生命與別人為敵。心理學學院會把他們稱為外向、非內省性的人，但沒有解釋。然而，我們應該期待他們外向，因為他們的身體不是一個焦慮的源頭。

克雷契瑪拿來做對照的另一類型是精神分裂症者，他們看起來要不像個小孩，要不就特別高大，鼻子長，頭呈蛋型。克雷契瑪相信精神分裂者保守和內省。如果他們精神受困擾，就變得精神分裂。他們是凱撒大帝所說的這一類人：「那邊的卡西亞斯長得一副修長和饑渴的模樣；他想太多了；這種人是危險的。」凱撒大帝，第一幕，第二景

這些個體可能有生理缺陷，所以長大後才會較自我中心、較悲觀和較「內省」。或許他們需要更多協助，而且當他們發現自己並未獲得足夠注意時，就會變得痛苦和猜疑。然而，我們發現有許多綜合的類型，這點克雷契瑪本人亦承認，Pyknoid 類型的人，也能發展出屬於精神分裂症者才有的精神特質。如果環境讓他們朝此方向訓練，讓他們變得羞怯和懦弱，我們便能了解他們何以會有這種現象。藉由有系統的打擊方式，或許我們能夠讓任何一個小孩成長後的行為像個精神分裂症者。

如果經驗夠豐富，我們就能夠由這些徵兆辨識一個人有多少合作能力，人往往不知不覺地尋找著這類表徵。合作的必要性持續驅策著我們，而且有資料顯示，我們可以在生命的渾沌中更為自己找出方向。同樣地我們能夠了解，在所有的歷史大變動之前，人類的心靈早已認清改變的必要性，並且努力的加以達成。

人總是不喜歡生理特徵非常明顯的個體，厭惡醜陋和畸形的外表。不知不覺地，他們判斷這些人屬於較不適合合作的一群。這是極大的錯誤，但他們的判斷可能以個人的經驗為基礎。至今尚未發現有任何方式，能幫助這些缺陷的個體，以增加他們合作的能力。因此，他們的殘障遭到過度強調，所以變成普遍迷信下的受害者。

現在讓我們來做個總結。一個小孩在他生命的前四或五年裡，精神特質便已成形，心與身之間的根本關係也已建立完成。一種生活風格於是形成，並且成為感情與生理特色的基礎。也發展出某一程度的合作能力，程度或大或小，我們可憑藉這合作能力的程度來評估和了解個體。

舉例而言，合作能力不良是所有失敗的起源。現在我們能夠給予心理學另一個定義：了解個體合作能力的缺陷。由於心是一個和諧體，它的表徵透露出個體以類似的態度看待生命，所以一個個體所有的感情和思想必須和他的生活風格一致。如果我們看見感情明顯引起困難，違反個體的個人利益，那麼改變這些感情一點也沒用。它是個體生活風格的真實表現，只有在個體願意改變的情況下才能被根除。

在這裡，個體心理學在教育和治療層面上，給予我們特別的意義。我們必須永遠不針對一個人個性上的症狀或單一層面進行治療。我們必須把這個人在選擇生活風格時所做出的錯誤假設、心靈詮釋經驗的模式、賦予生命的意義及他回應身體和環境的表現等發掘出來。這是心理學真正的工作。正當地說，心理學不會在小孩身上釘釘子，然後觀察他跳得多高，或給他搔癢後看他笑得多厲害。現代心理學界裡有這些企圖的人不少，不過迄今他們只為一個固定和個人式的生活風格提出證據。

生活風格是適合心理學討論和研究的材料，但專門探討生理學或生物學主題的心理學者對它根本無暇聞問。他們有人專門研究心理刺激和反應，有人企圖追蹤一次創傷或震撼經驗所造成的影響，還有人探討遺傳能力並觀察他們的發展。然而，在個體心理學裡，我們認為靈魂和精神就是心靈的統一與和諧。我們研討個體賦予世界和他們自己的意義，還有他們的目標、他們努力的方向，及他們解決生命問題的方式。迄今，個體合作能力的程度，成為我們了解一個個體的最佳指標。

WHAT LIFE COULD MEAN TO YOU

【第三章】

自卑感與優越感

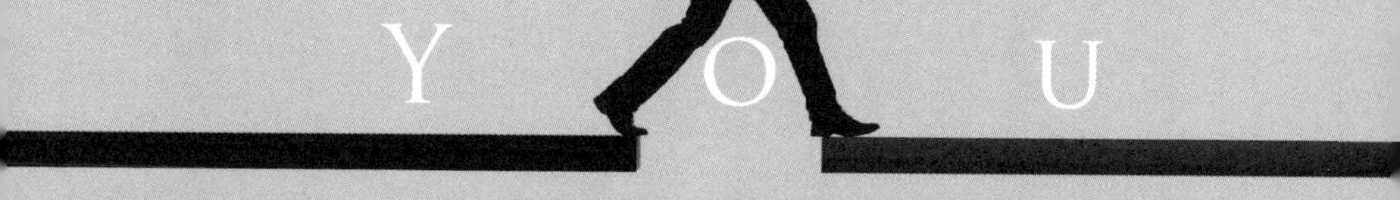

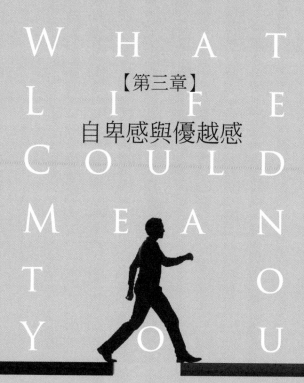

第三章之一

自卑情結

「自卑情結」，是個體心理學最重要發現之一。這個心理學用語廣獲許多不同學派的心理學家認同和採用。然而，他們是否澈底了解它的意義，或使用它的方式正確與否，或許是需要質疑的。舉個例子，告訴一個病人他受自卑情結所苦，這種說法永遠也不會有幫助。沒告訴病人如何克服問題的作法，只會更加深病人的自卑感。我們必須分辨出病人在生活風格上有哪些不正確的地方，然後加以指正並激勵他去做改變。

每一個神經症者都有一個自卑情結。他覺得自己無法過有用的生活，並受到某種狀況所限制，而且他在這個限制下努力，所以光給他的問題取個名字一點幫助也沒有，我們光說「你受一種自卑情結所苦」根本無法給他任何激勵，這就好像我們和一個有頭痛的人說：「我知道你毛病出在哪裡，你有頭痛！」一樣根本無濟於事。

許多神經症者若被問到有否感覺自卑，他們大都會回答「沒有」。有些甚至會回答說：「剛好相反。我感覺自己比四周的人還優越。」我們不需要發問，我們只需要觀察一個人的行為，行為透露出他維護自我重要感的方法。如果我們看見一個人舉止傲慢，我們就能猜測出他的感覺是：「其他人往往把我高估了。我必須顯示出我很重要。」如果發現某個人說話時手勢很大，我們就能推測出他的感覺是：「假如我不多加強調，我的話就會沒有分量。」

我們可以懷疑每種優越行為的背後，都有某種自卑感，需要非常特別的努力來加以隱藏。這就像一個害怕自己身高太矮的人踮起腳尖走路，讓自己看起來似乎較高大點一樣。有時候，我們能在兩個小孩比較身高時，清楚看見這個行為。害怕自己較矮的小孩會把身體挺得又直又硬，他會試著讓自己看起來高一點。如果問他：「你覺得自己太矮嗎？」我們很少能聽到他承認說是。

因此，我們無法假設一個有強烈自卑感的人就是被動、安靜、壓抑、無惡意類型的人。表達自卑感的方式可以有上千種。或許可以用一則三個小孩第一次去動物園的故事來做說明。當他們站在獅籠前面時，其中一個躲在媽媽的裙後說：「我要回家。」第二個小孩站在原地，臉色蒼白，渾身發著抖說：「我一點也不害怕。」第三個小孩眼露兇光瞪著獅子，並問他的媽媽說：「我可以吐牠口水嗎？」這三個小孩其實都很害怕，但他們表達害怕的方式依他們生活風格的不同而有了差異。

某種程度上，我們都有自卑感！因為我們都有自己希望改善的狀況。如果我們保持勇氣，我們就能夠以直接、實際和滿意的方式去除這些自卑感。沒有一個人能夠長期忍受自卑感；他會進入一種壓力狀態，進而付諸行動。但假設喪失勇氣、無法想像他能以實際行動來改善狀況，那麼他依然不能承受自卑感。所以他仍然會努力去把它們給去除掉，但他所嘗試的方式一點也幫不了他。他的目標依然是「凌駕困難」，但與其克服障礙，他反而會試著說服自己，甚至強迫自己進入一種優越的感覺。這時，他的自卑感會變得更加強烈，因為讓他產生自卑感的狀況依然維持不變。由於問題根源依然存在，他所採取的每一個步驟只會變得自欺欺人，而且所有的問題施予的壓力會愈來愈大，愈來愈急迫。

倘若我們不了解他的行為，我們會以為這些行為毫無目的可言。我們不會認為這是他為了改善狀況所做的行為。然而，一旦了解行為的目的後，我們就能了解他就和其他人一樣，雖然忙著找尋一種適當的感覺，卻已放棄改變狀況的希望。所以他所做的事情開始有了道理，如果他感覺脆弱，他會為自己創造能感覺堅強的狀況。他不是在訓練自己變得更堅強，反而是在訓練自己，讓他在自己的心目中看起來更堅強。他努力自我愚弄的目的只會有一部分得逞。如果他感覺應付不了工作上的問題，為了加強肯定自己的重要性，回到家裡他可能變成個暴君。不論他如何自我欺騙，真正的自卑感依然存在，那會成為他心理上的永久暗流。在這個個案下，我們才可以真正稱之為一種自卑情結。

現在該是我們給自卑情結一個正確定義的時候了。自卑情結表示一個個體，無法妥善適應或面對一個問題，並且全心全意的相信自己無法將它解決。由這個定義裡，我們能夠了解憤怒就像眼淚或藉口一樣，是一種自卑情結的表達方式。由於自卑感總製造出壓力，所以能產生一種優越感，但卻不朝解決問題的方向發展的補救行動。因此，這個行動便朝往生命無用的一面，真正的問題會遭擱置在一邊。他會限制自己行動的範圍，與其鞭策自己面對成功的壓力，他寧可盡力讓自己避免遭受挫敗。面對問題時，他會給人一種猶豫不決、原地不動，甚至臨陣脫逃的印象。

我們能夠從廣場恐怖症患者身上清楚看見這種態度。他們的症狀是自圓其說，如「我絕對不能走太遠。必須讓自己待在熟悉環境裡。生命充滿危險，我必須避免遭殃。」只要秉持著這種態度，他便會一直待在一個房間裡，或回床上休息不肯下床。

逃避問題最澈底的表達方式便是自殺。這表示個體在面對所有生命問題時選擇放棄，並且表達他再也無法改善的信念。當我們明瞭自殺無非是一種責難或報復後，就能夠了解自殺的個體也是在尋求優越感。自殺者把他死亡的罪責加諸在別人身上。他彷彿在說：「我是這世界裡最脆弱、最敏感的人，而你們卻用最殘酷的方式對待我。」

每個神經症者對活動範圍，和他與世界的接觸都有某種程度上的限制。他試著和三個真正緊迫的生命問題保持距離，並且把自己限制在能夠支配的狀況裡。如此一來，他把自己侷限在一個小室，關起房門，隔絕外界，並終此一生。依成長環境而定，他以欺凌恫嚇或悲哀可憐的方式來支配他人；為達成目的，他會使用他所能發現的最有效裝置。有時候，如果他對一個方法不滿意，他會試用其他方式。無論是哪一種方法，其目的皆相同——無須改善狀況就能獲取優越感。

以哭泣達成目的的小孩為例，他們會變成愛哭寶寶，長大會成為憂鬱症患者。眼淚加牢騷，我所謂的「水的力量（Water Power）」是一個擾亂合作和奴役他人的有效武器。我們能夠在愛哭寶寶，還有怕羞、怕害臊和有罪惡感的人身上，看出他們有自卑情結。這些人坦承，他們脆弱和缺乏自我照顧能力。他們想要隱藏的是，他們執迷於優越過人，他們不計代價達到當老大的欲望。另一方面，一個喜歡自誇的小孩，第一眼便告訴別人他有優越情結。而且與其注意他說的話，不如檢討他的行為，我們很快就會發現，這個小孩有優越感，雖然他嘴裡不肯承認。

所謂的戀母情結（Oedipus Complex）其實只不過是神經症者把自己關在一個「小室」的特

別範例。如果一個個體害怕面對這世界關愛的問題，他就不能成功擺脫掉自己的神經症。倘若他把自己侷限在家庭圈子裡，感覺亦會侷限在此限制裡，這一點也不令人驚訝。由於不安全感的作祟，他的生活圈子只止於最熟悉的幾個人，他害怕自己無法像支配生活圈子裡的人那樣支配其他人。戀母情結的受害者是那些被母親寵壞的小孩，他們相信自己的願望就形同法律一樣，在對母親予求予取的環境下長大，他們從不明白自己能以自立自強的方式，由家庭以外的地方獲得感情和愛。這種小孩長大後仍和母親的圍裙繫帶綁在一起（離開不了母親）。在愛情方面，他們需要的不是一個雙方關係平等的伴侶，他們要的是一位女僕；而最能支持他們的女僕便是母親。或許我們可以說，每個小孩都有戀母情結。只要他的母親寵壞他，不讓他對別人發生興趣，至於他的父親則相對地必須冷漠或冷酷，那麼他長大後一定會有戀母情結。

所有神經症者的症狀，說明出他們限制自己的行動。我們能夠由一個人在公開演說時，說話結結巴巴看出他有猶豫的態度。他的社會感驅使他和別人接觸，但低落的自尊和害怕失敗的恐懼妨礙了他的社會感，所以演說時才會遲疑和猶豫。在學校「進步遲鈍」的小孩、年齡在三十歲或以上、依然無業的男性和女性、有婚姻問題的人、不斷重複相同動作的強制性神經症者、總感覺疲累而無法面對日常工作的不眠症患者——他們皆有自卑情結，以致無法在解決生命問題上取得任何進展。在性方面有自瀆、早洩、陽萎和變態等特質的人，由於在異性關係上有不適感，所以他們對生命都表現出一種錯誤的看法。如果我們問：「為何會有這種不適感？」那麼，我們就能看出優越的目的。答案只有一個，亦即「因為這個個體給自己設定了一個不可能達成的目標。」

其實自卑感本身並不是不正常，它是人類狀況裡所有改善的原因。舉例來說，只有在人類意識到他們的無知，及需要為未來做準備的狀況下，科學才得以發展；所以是人類努力改善環境、更了解宇宙，更能夠處理它的結果。其實，對我而言，人類全部的文化皆以自卑感為基礎。假如我們能夠想像有一個公正者到訪我們的星球，他在觀察之後一定會歸納出這麼一個結論說：「這些人類，他們所有的結合和設施、他們為獲取安全感所做的所有努力、他們為抵擋雨水所建造的屋頂、他們為禦暖所製造的衣服、他們為便利旅行所鋪設的馬路，在在顯示出他們認為自己是這地球上最脆弱的一種生物。」人類在某些方面上是地球上最脆弱的生物。我們沒有獅子或大猩猩的力氣，許多動物在落單時比我們還有能力應付生命的難題。有些動物以結合來彌補牠們的脆弱，牠們聚集成群，但是我們發現，人類比其他任何生物需要更不同和更基本的合作。

人類的小孩特別脆弱，需要多年的照料和保護。由於每個人皆需經歷年幼和脆弱階段，所以若不合作就得完全受成長環境操控。因此，我們能夠了解，一個未接受合作訓練的小孩，何以會發展出悲觀的個性與具有一股久久不去的自卑情結。我們亦可以了解，即使最合作的個體亦將持續遭遇問題。沒有一個個體能夠發現自己已完成最終的優越目標，及成為自己環境的主宰。生命太短暫，我們的身體太脆弱，生命的三大問題一直要求我們，要我們給予它們更豐富和更圓滿的解決方式。我們能夠找到暫時的解決方法，但我們永遠也不會對我們的成就感覺完全滿意。

我認為沒人會擔憂我們永遠不能達成我們的終極目標。讓我們來想像一個單一的個體，或全體人類，達成了再不會有困難和障礙的狀況。生命在這種狀況下一定非常無味和無趣：一切皆能預知，一切皆能事先評估、得知。明天將沒有任何機會可以期待，未來也沒什麼可以期盼，我們對生命的興趣主要來自不確定性。假如我們對一切皆能確定，假如我們知道所有即將發生的事情，我們就不會再有任何討論或發現。科學來到盡頭，環繞我們的宇宙除了是個曾說過的故事外，什麼都不是。提供我們所追求理想的藝術和宗教，將不再有任何意義。生命充滿無窮盡的挑戰是人類的福氣。人類的努力永不止息，我們總能找到或創造新的問題，並且為合作和貢獻創造新機會。

但神經症者的發展在開始之初就已受到阻礙。他解決生命問題的方法停留在膚淺的層面，而且他的個人問題相對地變大。越正常的個體越能為他的問題找到更有意義的解決辦法；他能轉而面對新問題，進而找到新的解決方法。如此一來，他變得有能力貢獻社會，不會蹣跚落後，變成其他人的負擔；他不需要或不會去要求別人對他特別諒解。相反地，他勇往直前，以他的社會感和個人的需要為根據，獨立解決個人問題。

第三章之二

優越的目標

優越的目標對每個個體都是個人化和無與倫比的。取決於他所賦予生命意義的不同。這個意義不僅是幾句話而已。它顯示在他的生活風格裡，像是他個人一首奇怪的旋律創作。我們不能夠由他的目標來總括出這個意義。反而以一種拐彎抹角的方式來表達，所以我們必須依他給予的線索猜測。了解某一個人的生活風格，好比了解一首詩歌作品。詩人只使用文字，但他想表達的意義多過他使用的文字。我們必須在研讀和解析後，才能夠了解他意義的最偉大部分；我們必須逐句逐行閱讀。因此，意義最深遠和最錯綜複雜的創作，就和一個人的生命哲學一樣。心理學家必須學習解讀字句和言語；他必須學習理解隱藏意義的藝術。

不然，可能會如何呢？我們在生命的頭四或五年裡，便已決定好生命的意義。我們不是靠數學計算公式來做決定，而是依靠在黑暗中摸索，仰賴自己不完全了解的感覺，獲取暗示和尋求解釋。類似道理，我們靠摸索和猜測來決定優越的目標；它是一種終生需要，一個活躍積極的傾向，不是一個圖表繪製和定位的決定點。沒人可以了解優越的目標能夠到澈底形容出來的程度。或許他清楚職業上的目標，但這些不過是他努力的一小部分。即使這個目標已有清楚的定義，但努力達成的方式有上千種。我們拿一個想當醫生的人打個比方，但當醫生代表許多不同的意義。他可能不單只希望在某個醫藥領域裡當專家，在他的職業生命裡，他將顯露出他對自己和別人有興趣的程度。我們會了解他對自己協助人類進行多少訓練，及他為自己的協助訂下什麼限制。他把這個職業做為目標，彌補他某一個自卑感；我們必須由他進入這項職業和其他方面的行為，推測出他在彌補什麼感覺。

舉個例子，我們經常發現，醫生在他們相當小的時候就已面對死亡。死亡是人類的一個不安全感，對當時年幼的他們造成極大震撼。或許是他們的兄弟姊妹或父母過世，從此以後，他們的訓練便朝著找出一個方式發展，讓他們和別人對抗死亡時感覺更有安全感。另一種人可能以當老師為目標，我們都明白老師有許多種。假若一個老師社會感低落，他當老師的優越目標可能是要當小池塘裡的大魚。可能他只和較他脆弱和無經驗的人為伍時才會有安全感。一個有高度社會感的老師，會把學生當同輩對待；他希望為人類福祉貢獻。在這裡，我們只需要提出老師的能力和興趣可能不同，及行為可以清楚指出他們個人的目標。當一個目標清楚定義後，為達成這個目標，個體的潛能必須受削減和限制，但這個總體目標，我們會稱之為標準，將在這些限制中突顯出來，並且無論在任何狀況下，都能找到一個方式，表達出這個人賦予生命的意義，及他朝優越的最終理想努力。

因此，對於每一個個體，我們必須深入他們行為表面之下觀察。一個個體可能改變定義和宣稱目標的方式，換句話說便是他的職業。所以，為了了解人格的和諧性，我們必須尋找出凝聚在它底下的原因。這個和諧無論它如何表達都是固定不變的。假如我們拿一個不等邊三角形把它轉到不同位置，由每個位置看起來，這個三角形似乎都不同；但如果仔細觀察，我們會發現它一直是同一個三角形。所以，我們先前說的「標準」亦同。任何單一行為從未充分表達出它的內容和意義，但我們能夠由它的表達來辨識。我們永遠不能對一個人說：「如果你做這或那……，就能完全滿足你為優越所做的努力。」為優越所做的努力維持著彈性，而且，其實，一個人若愈健康和愈正常，就越能在努力的方向受阻時找到新的出口。唯有精神病患會一邊看著自己設定的目標，一邊對自己說：「我必須擁有這個，不然我就一無所有。」

我們應該小心，不要急於為優越的目標做出評價，但所有的目標皆有一個共同因素——努力使自己像上帝。有時候，我們發現小孩相當公開地以此方式表達，並說：「我想當上帝」。許多哲學家想法亦同。也有一些老師訓練和教導小孩像個上帝。在舊宗教規條裡也看見類似的目標：

規條應該給他們教育，讓他們變得像上帝。「超人」這個想法，是扮演上帝的一種較含蓄的表露方式，還有尼采（Nietzsche），當他變得精神失常時，他在寫給史特林堡（Strindberg）的一封信裡署名：「釘在十字架上的耶穌（The Crucified）」，此外我不再贅述。

精神失常者經常公開表達想扮演上帝的優越目標。他們會說：「我是拿破崙」，或「我是中國的皇帝」。他們希望站在全世界的注意中心，不停出現在大眾眼裡，和全世界做聲波接觸、竊聽每一個對話。他們希望能預知未來，及擁有超自然能力。

或許，變成萬事通、擁有宇宙智慧，或生命不朽等的欲望和希望，也以較含蓄的方式表達出扮演上帝的相同目標。不管我們希望不朽的是在地球上的生命，或想像經由輪迴一再地回到地球，或在另一個世界裡永垂不朽，這些期望皆以想扮演上帝的欲望為基礎。在宗教的教誨裡，上帝是長生不朽的，祂的存在是永恆無限的。我不是在這裡討論這些想法是對或錯：它們是生命的詮釋，它們是意義，而且在某種程度上，我們皆陷於這個意義裡——上帝和扮演上帝。即使無神論者也希望打敗上帝，凌駕於上帝之上；而我們能夠辨識出來，這是特別強烈的優越目標。

一旦一個人優越的目標被定義後，他的生活風格絕不出錯；所有的行動持續與這個目標保持一致。這個個體的習慣和行為，完全配合他達成目標，而且不容批評。每個問題兒童、每個神經症者、每一位酗酒者、罪犯或性變態者，他們的生活風格都反映出行為和所需達成的優越呈一致性。我們不可能批評他們的行為本身；如果他追求這個目標，就應該顯露出這種行為。

學校裡有一個男孩，他是全班最懶惰的學生，老師問他說：「你的家庭作業怎麼做得這麼差勁呢？」他回答說：「如果全班我最懶惰，你會留很多時間給我。你從沒注意那些功課表現好、上課不喧嘩、乖乖做家庭作業的男孩。」他的目標在獲取注意和控制老師，他已找到達成目標的最佳方式。試圖去除惰性對他一點益處也沒有：為達成目標，他需要這份惰性。在此觀點下，他的所作所為完全正確，若他改變自己的行為，便是愚蠢至極。

另一個男孩在家裡很乖巧，但他卻似乎有點愚笨；他在學校裡進步遲鈍，在家裡也不怎麼聰敏。他有一個比他大兩歲的哥哥，哥哥在生活風格上顯得相當不同。他既聰明又活潑，但因為太冒失而惹麻煩。有一天，弟弟偷偷和哥哥說：「我寧可笨也不願像你那麼冒失。」只要我們明白他以裝笨的方式來達成他的目標：不惹麻煩，那麼他就變得聰明了。由於愚笨，所以別人對他的要求較少，而且如果犯了錯也不會遭責罵。有了這個目標後，他就變成一個其實並不笨的笨蛋！

截至目前，我們通常都依症狀來診治問題。個體心理學澈底反對這個方式，無論對醫藥和教育層面皆同。當一個小孩算術成績退步，或在校表現不佳時，我們集中心思在此層面上，並試圖改善但無濟於事。或許他想要惹惱老師，或乾脆被退學，以達成不用上學的目的。如果我們阻止他使用某個方法，他將會找到更新的方式來達成目的。

成人神經症者情況完全一樣。假設他受偏頭痛之苦，這些頭痛對他可能非常有用，當他需要時，就可能剛好出現。藉由頭痛他可以避免面對人生的問題。可能在他和陌生人見面或做決定時出現。同時，也可以協助他欺壓同事、妻子或家人。為何我們期待他放棄這麼有效的裝置呢？由他的觀點看來，他給自己的痛苦是一項聰明的投資；為他帶來所有希望獲得的回報。無庸置疑地，我們可以給他一個解釋，讓他大為震驚且嚇走他的頭痛，就好像給震嚇痴呆症的戰士電療、或假手術，有時候可以嚇走他們的症狀一樣。或許醫藥治療讓他舒緩下來，使他更難以去維繫他所選擇使用的特別症狀。但是，只要他的目標不變，若他放棄一個症狀，他就必須找來另一個。「治癒」他的頭痛後，將會得到不眠症，或一些其他新症狀。只要目的維持不變，他就必須繼續去追求它。

有些神經症者症狀消失的速度快得令人驚愕，卻又以迅雷不及掩耳的速度出現一些新症狀。他們變成重複性神經症者，不斷延伸他們的戲目。若要他們閱讀心理療法書籍，反而製造機會，讓他們由書裡找到更多神經問題來嘗試。我們必須尋找的是，他們所採用的症狀和目的背後真正存有什麼優越目標。

假使我在上課時帶來一部梯子，爬上梯子，並坐在黑板上頭。這時，任何看見我的人可能會認為：「阿德勒博士瘋了」。他們不會知道這部梯子做什麼用，為何我要爬上它，或為何我要如此不舒服地坐在黑板上頭。但假如他們明白：「他坐在黑板上頭是因為如果不高高在上，就會感覺自卑；只有在俯瞰全班學生時，他才會有安全感。」那麼他們便不會認為我的舉止瘋狂。我會選用一個絕佳的方式來達成我的目標。如此一來，梯子就變成非常明顯的裝置，而我爬上梯子也變成精心規畫和執行的工作。

唯有在一點上我是瘋的——我對優越的詮釋。假如我能相信我所公開的目標是錯誤的選擇，那麼我就能改變行徑。但如果目標維持不變，而我的梯子卻被拿走，我就會看看自己能否又跳又爬，用自己的力氣爬到黑板上去。每個神經症者的情況亦相同：他所選擇的方法毫無錯誤——它們不容批評。我們只能改善他的目標。只要目標改變，他的精神習慣和態度也會跟著改變。他將不再需要老習慣和老態度，而符合新目標的新習慣和態度，很快就會取而代之。

讓我們來看一個例子，有位三十歲女性因為焦慮和缺乏交友能力來找我協助。她尚無能力自力更生，所以她仍是家庭的負擔。偶爾她會做一些如祕書等的小工作，但不幸地，她的僱主總對她大表愛慕，嚇得她往往必須辭職不幹。不過，有一個工作她發現老闆對她較無興趣，一點也沒對她示愛。結果，這讓她大感羞辱，所以她又辭職離開。她接受心理治療已有許多年，有八年了吧！但治療沒有改善她的社交能力，也未能幫她自食其力。

當我接見她時，追溯至她的童年，了解她何以形成這種生活風格的原因。如果不追究大人的童年，就永遠不能了解他。她在家裡排行老么，人長得非常漂亮，是個被父母寵壞的嬌嬌女，沉迷在她自己的信念裡。父母對她百般呵護，只要她要什麼，他們一定會滿足她。聽完她的話後我問：「為什麼呢？為何妳被當成小公主呢？」她回答說：「是很奇怪，小時候每個人都叫我公主……」我問她最早期的記憶是什麼，她回答說：「在四歲時，我記得我走到家外面，看見一些小朋友在玩遊戲。他們在玩耍時經常會跳著大喊說：『巫婆來了！』這讓我非常害怕，回家後，我問和我們同住的一位老婦人，這世上是否真有巫婆存在？她說是的，這世上有巫婆、小偷和強盜，他們都會來抓我。」

我們能夠了解，從此以後她害怕自己一個人。她在整個生活風格裡表達出這份恐懼。她感覺不夠堅強，所以離不開家，因此家人必須在各方面支持和照顧她。她另外一個早期記憶是：「我有一位鋼琴老師，是男的，有一天他試圖吻我。我停止彈琴，跑去告訴媽媽。從那以後，我就不再彈鋼琴了。」在這裡我們也看出，她訓練自己和男性保持距離，她在性方面的發展，和她保護自己抗拒男性之愛的目標一致。她覺得談戀愛是一個弱點。

在這裡我必須說，許多人感覺他們若談戀愛便很脆弱，在某種程度上，他們是正確的。如果我們要談戀愛，就必須溫柔，對另外一個人有興趣，讓我們變得脆弱起來。只有優越目標為永不脆弱或絕不自暴己短的個體，才會極力避免相互相依的愛情。這種人逃避愛情，並且從未準備好接受愛情。你經常會發現，若他們感覺快陷入談戀愛險境時，會轉而嘲弄整個狀況。他們嘲笑、愚弄和揶揄那些讓他們感受威脅的人，試圖以這個方式來擺脫內心的脆弱感。

這個女孩也一樣，她在愛情和婚姻方面感覺脆弱，結果，當辦公室裡有男性對她示愛時，她的反應和感覺比實際需要的更強烈。除了拔腿逃跑以外，找不到其他更好的方式。在她擺脫不了這些問題時，她的父母卻雙雙過世，對她來講，這等於是「公主」時代跟著結束。不過，她找到親戚來照顧她，但情況不是那麼令人滿意。一段時間過後，親戚們受不了她，不再給她所需要的注意力。她譴責他們，告訴他們讓她一個人單獨在家有多麼危險，以此方式，她讓自己免於陷入孤獨的悲劇裡。

我相信，如果她的家人澈底放棄她，對她不加理會，她一定會發瘋。她達成優越目標的唯一方式，就是強迫家人支持她，容許她毋須面對人生的問題。她在心裡維持著一個影像：「我不屬於這個星球，我屬於另一個大家把我當公主的星球。」她離發瘋只剩小小一步，但只要她能掌握一些小資源，說服親戚或家庭世交來照顧她，她便不需走此最後一步。

這裡有另外一個例子，我們可由這個個案裡清楚辨識出自卑情結和優越情結。一個十六歲女孩轉介到我這裡來，她自六、七歲便偷竊成習，十二歲以後開始和男孩廝混，往往徹夜不歸。在她兩歲時，父母經過一番冗長和艱苦掙扎後離婚了。媽媽帶著她搬到外祖母家，就如同一般的情節那般，外祖母對她百般溺愛，把她給寵壞了。媽媽在和丈夫感情最惡劣時發現自己懷了她，所以媽媽一點也不歡迎這個小孩。她從未喜歡過這個女兒，因此，母女倆的關係一直處於劍拔弩張的緊張狀態。

我問她：「妳的行為是為了報復妳媽媽嗎？」她回答：「我想是的。」她想證明她比媽媽更堅強，但之所以會有這個目標，是因為她感覺脆弱，感覺媽媽不喜歡她，而產生自卑情結，感覺很苦、很難過。她唯一能想到的優越方式便是惹麻煩。當小孩出現偷竊或其他偏差行為時，通常都是為了報復。

有一個十五歲女孩失蹤了八天。被尋獲後被送往少年法庭，她在庭上說她遭到一個男人綁架，被綑綁並關在一個房間裡八天。沒人相信她的話。醫生找她私下會談要她說出真相，她很生氣他不相信她說的故事，於是刮了他一記耳光。當我看見她時，我問她將來想做什麼，並顯示出我只對她的利益有興趣，我想幫助她。我要她說出一個她的夢，她笑了起來，並告訴我她的夢：「我在一個酒吧裡。我走出去，遇見媽媽。不久爸爸也來了，我要媽媽把我藏起來，讓他看不見我。」

她害怕她爸爸，並和他抗爭。他曾經處罰過她，由於她害怕遭受處罰，所以被迫開始撒謊。假如我們聽見一個說謊的個案，背後多半有一對嚴厲的父母。除非說出真相有危險，否則就沒說謊的必要。另一方面，我們能夠看出，這個女孩在某些程度上和母親合作。接著她和我坦承說，有一個人慫恿她去酒吧，她就在那兒待了八天。她害怕父親懲罰她，所以她不敢說出實話，但我們可以從她的行為裡了解，她希望爸爸善待她一點。她感覺受到他的壓抑，唯有以傷害他的方式，她才能感覺優越過他。

我們如何能幫助這些尋找優越感卻用錯方式的人呢？假如我們認清努力尋找優越感的人比比皆是，做起來就一點也不難。於是，我們能夠設身處地為他們設想，體諒他們的行為和目的。他們唯一的錯誤是他們努力的目標沒有用處。為尋求優越感所做的努力誘激著每一個人，並且成為人類文化所貢獻的動力和源頭。人類全體的生命沿著這條偉大的行動線前進，由下到上、由小到大、由挫敗到勝利。不過，唯一能夠真正掌控生命問題的個體，是那些努力豐富他人生命傾向的人，是那些以此方式勇往直前，同時裨益他人的人。

假如用對方法，我們會發現不難取信於他們。最終，藉由合作，建立人類對價值和成功的所有評斷；這是人類最偉大的宇宙真理。我們所有的行為、理想、行動和個性，皆應該以人類合作為宗旨。沒人是澈底缺乏社會感的。神經症者和罪犯也知道這個公開的祕密；我們能夠由他們調整自我的生活風格，或歸咎別人所產生的痛苦裡，看出他們有這個知識。不過，他們失去勇氣讓自己的生命變得有用。一股自卑情結告訴他們：「合作的成功不屬於你。」他們掉頭不去面對生命真正的問題，沉溺於與想像中的對手對打、揮空拳，以確保他們個人的力量。

在人類的分工裡，有一個可容納許多不同目標的空間。或許，如我們了解的，每個目標都可能有些小錯誤，我們總能找到可批評之處。但人類的合作需要許多不同卓越表現匯聚在一起。有一個小孩，他的優越在算術知識裡，另一個小孩卻是在藝術裡，第三個小孩的優越又在體能上頭。一個消化不良的小孩可能相信他的問題主要是營養。他可能把興趣轉往食物上頭，因為他相信以此方式就能改善狀況，結果他可能變成一個大廚師或營養學教授。從所有這些特別目標裡，我們能夠看到對自我困難的真正彌補，一些可能性的排除，一些自我限制的訓練。舉例而言，我們能夠了解，一個哲學家為了思考和寫書，必須偶爾脫離社會自我放逐。但只要優越的目標具有高度社會感，那麼無可避免的錯誤就永遠不可能太大。

WHAT LIFE COULD MEAN TO YOU

【第四章】

早期記憶

第四章之一

人格發展的關鍵

由於一個個體為完成優越狀況所做的奮鬥和努力，是整體人格形成的關鍵，所以優越狀態會在精神發展的每個階段裡出現。只要我們認清這個事實，就能用它來了解生活風格。有兩個重點需要牢記。首先，我們隨時都可以開始：每個表徵將引領我們往同一方向，朝往唯一動機、唯一主題，他的人格因此建立。其次，有許多資料我們唾手可得。每一句話、每個思想、感覺或手勢皆能增加我們的了解。我們可能犯下錯誤，急於對他個性上一個可以和其他上千個表徵對照的情況做出評斷。除非我們了解一個表徵在整體裡所扮演的部分，不然絕不能決定它的意義；但每個表徵皆在訴說相同的東西，並促使我們加快找出解決方法。

我們好比考古學家一樣，在陶器、工具、建築物的斷垣殘壁、遺跡的殘片破瓦和破紙張裡找尋碎片，然後把這些碎片和一個已消失的城市整體進行比對。但我們處理的不是已經消失的生命，而是一個人互有關聯的全部狀況。

了解一個人不是一件容易的工作。個體心理學或許是所有心理學中最難學習與實際應用的一門。我們必須聽取整個故事，必須在關鍵變得證據充分前保持懷疑的態度，必須匯總所有的小徵兆：由一個人走進房間的方式、和我們問候和握手的方式、微笑的方式、走路的方式裡收集暗示和意義。某一方面我們可能毫無斬獲，但總有其他徵兆來修正或確認我們的印象。治療本身是一種合作練習和測驗。唯有對別人具有真正的興趣時，我們才能夠成功。我們必須有能力看穿別人的眼睛，聽進別人的耳朵。別人也必須有所貢獻，和我們取得共識。我們必須同時探討他的態度和問題。即使我們感覺已經了解他，但除非別人對自己也有了了解，否則依然沒有證據能夠證明我們的了解是正確的。一個拙劣的真理永遠不能成為整體的真理；它顯示出我們的了解不夠充分。

其他心理學派或許由於未能了解這點，所以才會誘導出「負面和正面轉移」的概念，這些是個體心理學治療從未見過的。嬌寵一個慣於被驕縱的病人，可能很容易獲取他的感情，但他支配的欲望將明顯地隱藏在下。假如我們對他冷淡和忽略，很可能容易招來他的敵意。他可能停止接受治療，或他可能繼續治療，但他卻希望自我辯護，並且讓我們遺憾。無論我們對他嬌寵或冷淡，這兩個方式都幫助不了他；我們必須展現給他知道，一個人可以如何對另一個人有興趣。對別人沒興趣可以更真實和更客觀，但為了他自己，也為了別人的福祉，我們必須和他合作，找出他的錯誤。有了這個目的後，我們永遠不需面對他產生「轉移」，讓他認為我們假裝權威，或讓他陷入依賴和不負責的風險。

在所有的精神表徵裡，個體的記憶最能洩漏祕密。他的記憶是隨身攜帶的備忘錄，說明自我設限，及一切行徑裡的意義。沒有「隨機記憶」的存在。在一個個體所接收數量難以估計的徵象裡，他只選擇記取那些和他問題有關的部分。這些故事代表「我一生的故事」，是一則重複給他溫暖或舒適的故事，讓他專注在目標上頭，或讓他準備以過去的經驗來繼續未來。我們可以由每個人的行為裡，清楚看見他們以記憶來穩定情緒。假如一個人遇到挫折，心情低落，他就會回想以往的挫折。如果他的人鬱鬱不樂，那麼，他所有的記憶也都是憂鬱的。當他高興和勇氣十足時，他選擇的記憶就截然不同。他會回想愉快的事件，讓他保持樂觀。同樣的道理，假如他遭遇難題，他會把所有能夠協助他解決問題的記憶找出來。

因此，記憶和夢的目的相同。許多人在需要做決定時，往往夢見他們在考試裡獲得高分。他們把要做的決定看成一個測驗，試著去重新塑造先前成功過關的心情。一個個體在他的生活風格裡，不同心情也架構並平衡他的整個心情。憂鬱的人若一心想著過去的快樂和成功，就無法繼續憂鬱下去。他會對自己說：「我這一生一直很不幸。」而且他只會選擇不快樂的記憶來印證不快樂的命運。

第四章之二

早期記憶與生活風格

一個人的記憶永遠不會跟生活風格背道而馳。如果一個個體優越的目標驅使他要有這個感覺：「其他人總是羞辱我。」他就會選擇回憶起能夠解釋為屈辱的事件。若他的生活風格改變，記憶也會跟著變換。他會記取不同的事件，或他會給記得的事件一個不同的詮釋。

早期記憶意義尤其深遠。首先，它們是生活風格最初始和最簡單的表徵。我們能夠藉由這些早期記憶判斷小孩遭寵壞或被忽視、他接受多少的合作訓練、喜歡哪些合作對象、遭遇哪些問題，及他如何加以克服。在一個受視障之苦，訓練自己更用心觀看的小孩的早期記憶裡，我們會發現他對視覺的自然表達。他的記憶會如此開始：「我環顧四周……」或會描述色彩和形狀。一個有生理障礙，想要能走、能跑或能跳的小孩，記憶裡會顯露出他對這方面的興趣。發生在童年時期的事件，必須和這個個體的主要興趣有關，才會被記憶下來；如果我們明瞭他的主要興趣所在，就能了解他的目標和個人生活風格。這個事實使得早期記憶對職業輔導具有極大價值。除此之外，我們還能由一個小孩的早期記憶裡，找出他與母親、父親和其他家庭成員的關係。相較之下，這些記憶正確與否並不重要，它們最重要的價值是代表這個小孩的評斷：「我從小就是這副模樣。」或「自小我便認為世界就是這樣。」

他開始說故事的方式、他能記得的最早的一個事件，最能提供說明或找到線索。初始記憶會顯示出個體生命的基礎看法，第一次清楚說明他的態度，讓我們馬上明白他在人格發展上所採取的出發點。探討一個人的個性時，我絕不會不問及他的初始記憶。

有時候，有的人不肯說，或聲稱不知道哪個事件最先發生，不過這已透露我們訊息。我們明白，他們不想討論生命的基礎哲學，他們還沒準備好和別人合作。不過，大部分人皆非常樂意討論初始記憶。他們僅把這些記憶視同事實，不明白它們背後的意義。鮮少有人了解自己的第一個記憶，因此大部分說出初始記憶的人，自然會坦承他們的生命目的、他們與其他人的關係，及他們對世界的看法。初始記憶另一個有趣的地方是，它們既簡潔又單純，所以我們可以在團體裡使用。我們可以要一班學生寫下他們的第一個記憶，如果我們懂得如何詮釋，就等於擁有一幅有關一個小孩非常有用的藍圖。

第四章之三

早期記憶剖析

為進一步說明，容我舉出幾個第一個記憶的例子，並且試著給予詮釋。除了這些個體詳述的第一個記憶外，我對他們一無所知，我連他們是小孩或大人也不知道。我們由第一個記憶裡所發現的意義，必須和他們個性上的其他表徵做比對，因為它們支援並加強我們的推測能力，所以我們可以磨練技巧。這樣，我們便能知道哪個記憶可能真實，能拿來和其他記憶比較。而且，我們能夠明白一個個體是往合作發展，或離合作愈來愈遠；是勇敢或膽怯、希望獲得支持和照顧，或想要獨立；他準備好付出，或只盼望接受等等。

第一，「由於妹妹……」第一個記憶裡出現哪些人非常重要。當一個妹妹出現時，我們就能相當確定這個個體受到她很大的影響。這個妹妹成為另一個小孩發展的陰影。大體上，我們發現這兩者關係敵對，好像在競賽似的，而這明顯增加了發展上的障礙。相較於融洽的關係，當一個小孩和家裡的姊妹敵對時，比較不能對別人發展出興趣。不過，我們不能現在就做結論。或許這兩個小孩是很好的朋友。

「由於妹妹和我是家裡最小的小孩，所以我要等到她足齡上學後才能去上學。」現在她們敵對的證據變得明顯了：「妹妹耽誤了我！她比我小，所以我被迫要等她。她限制了我的機會！」如果這真是這個記憶所隱含的意義，我們就能推測，這個女孩或男孩有如此的感覺：「當有人限制我和妨礙我自由發展時，我的生命就遭遇最大危險。」寫出這個記憶的學生可能是個女孩。一個男孩上學的機會多半不會因為他有個年幼的妹妹而遭到耽擱。

「因此，我們一起開始去上學。」我們不會認為這是撫育女孩長大的最佳方式。這或許會給她一個印象：因為她較年長，所以必須遭到忽視。無論如何，我們可以了解這個女孩有此詮釋。她感覺自己是因為妹妹才被冷落。她會把自己的被忽視歸咎給某個人。這個人可能會是她的媽媽。假如她較親近父親，試圖得到他的疼愛，我們一點也不應該感到驚訝。

「我依稀記得媽媽告訴每個人說，我們去上學後她有多麼孤單，她說，那天下午她跑去學校好幾次，在大門口外往裡面找我們。她感覺我們彷彿再也不會回家來。」這個對媽媽的形容，顯示出她的舉止不怎麼聰明。這是女孩對她媽媽的印象。「對她來講，我們好像再也不會回家。」這個媽媽明顯地母愛強烈，而女兒感受到她的愛，但同時也感覺到她的焦慮和緊張。如果我們可以直接和這個女孩談話，她會告訴我們更多媽媽較偏愛妹妹的記憶。如此的偏愛我們不會訝異，因為家裡最年幼的小孩，幾乎總是最受寵愛。我能由這個記憶做出結論說，這對姊妹裡的姊姊，由於與妹妹爭寵而感覺受忽視。我們能推測，她在稍後的生命裡會出現嫉妒，及害怕和人競爭的徵兆。即使發現她不喜歡較年幼的女性，我們亦不會訝異。有些人窮其一生都感覺自己太老，而且許多嫉妒心重的女性，她們在和年輕的同性為伍時，都會感覺自卑。

第二，「我最早的記憶是祖父的葬禮，那時候我三歲。」這是一個女孩寫出來的記憶。死亡讓她記憶深刻。這代表什麼意義呢？死亡讓她感覺最沒安全感、最危險。她由這個在童年裡發生的事件裡獲得啟示：「祖父會死掉。」我們可能會發現她最受祖父喜愛，並且被他寵壞。祖父母通常都會慣壞孫兒。相較於父母，他們較無責任，而且經常希望把孫兒據為己有，以顯示他們依然能夠獲得愛。我們的文化使得老人不容易肯定自己還有價值，有時候為尋求這份肯定，他們使用最容易的方式——比如易怒和發牢騷。在這裡，我們相信這個祖父對女孩自小便百般溺愛，所以這份寵愛深深烙印在她的記憶裡。他的去世對她無疑是一記重擊。

「我是如此栩栩如生地記得，我看著他躺在棺木裡，他整個人一動也不動，那麼蒼白。」我個人並不苟同這種讓一個小孩目睹死人容貌的做法，特別在未事先給小孩做好心理建設的情況下。許多小孩告訴我，他們深深記得某一個人過世的情景，而且永遠也忘不了。這種小孩會努力降低或克服死亡的威脅，通常他們會立志成為醫生，認為醫生所受的訓練較其他人更能抵抗死亡。如果一個醫師被問到他的第一個記憶，這個記憶通常和死亡有關。「蒼白地躺在棺木裡一動也不動」——這是一個目睹某個影像的記憶。這個女孩可能是那種觀察型的小孩，對觀察這個世界很有興趣。

「後來在墓場裡，當棺木逐漸下沉時，我記得那些繩子由粗盒子下面被扯了出來。」她再一次告訴我們她看見的景象，證實我對她的推測，她是那種觀察型的小孩。「從這回經驗以後，似乎每次只要聽到有親戚、朋友或認識的人過世的消息時，我就會很害怕。」

我們再次看見死亡讓她記憶深刻。假如有機會和她談話，我會問她：「妳長大後想做什麼？」或許她會回答說：「醫生。」假如她沒有答案或迴避這個問題，那麼我會建議她說：「妳不想當醫生或護士嗎？」當她提及「過世到另一個世界去」，我們能夠了解這是她對害怕死亡的彌補形式。由她的記憶裡，我們對她的整體了解是，她的祖父像朋友般對她很慈愛，她是一個觀察型的小孩，而且死亡在她心裡扮演極重要的角色。她由生命裡獲得的意義是：「我們都難逃一死。」

無庸置疑地，這真實無誤，但這種成見不是每個人都會有，生命裡頭還有許多我們能夠關心或感到有興趣的事。

第三，「在我三歲時，爸爸……」記憶才一開始就出現爸爸這個角色。可以假設這個女孩喜歡爸爸多過媽媽。對爸爸有興趣總是小孩發展的第二面。通常一個小孩在生命的頭一兩年和媽媽的合作關係較親密，所以首先會較親近媽媽。小孩需要媽媽，而且會黏著媽媽；所有小孩在精神上的努力都是為博取媽媽的愛和注意。如果小孩轉向父親，母親便已失去孩子對她的愛。小孩不滿意自己的媽媽，通常是因為家裡有一個新小孩出生的緣故。如果在這個記憶裡聽到有一個新小孩出現，就能確認我們的推測正確。

「爸爸給我們買了一對小馬。」這表示家裡不只有一個小孩，所以我們很有興趣聽聽另一個小孩的故事。「他牽著牠們的轡繩走進屋來。我的姊姊，她比我大上三歲……」如今，我們必須調整我們的詮釋。我們原以為這個女孩比較年長，然而實際上她是較年幼的。或許媽媽比較喜歡姊姊，所以這個女孩才會提起爸爸和他買的兩匹小馬禮物。

「姊姊牽著一條轡繩，驕傲地領著她的小馬在外面的街上走著。」在這裡，姊姊佔了上風。

「我的小馬，牠追在另一匹小馬後頭，快得讓我追不上。」——另一個姊姊領先在前的表示！——「牠拉著我，害我整個人臉朝下栽進泥巴裡頭。」這是一個她極度企盼，但卻以屈辱收場的經驗。這個姊姊贏了，得了分。我們能夠相當確定這個女孩是在表示：「假如我不小心謹慎，贏的人一定總是姊姊。我總是被她打敗，吃泥巴的人總是我。我能夠安全的唯一方式，就是要領先在前面。」我們也能夠了解，姊姊贏走了媽媽，所以這個女孩才會轉而親近父親。

「雖然後來我騎馬的技術強過姊姊，但對這個失望的事件一點補償都沒有。」如今，我們的推測獲得確認了。我們可以看見這兩個姊妹彼此競爭不斷。妹妹覺得：「我總是落後，我必須試圖趕上。我必須超越別人。」先前我便已描述過這種類型的小孩，通常他們在家裡排行老二或老么。這種小孩上頭總有個哥哥或姊姊，總努力要取代他們。這個女孩的記憶強化了她的態度。它和她說：「如果有人在我前面，我就遭受威脅。我必須隨時保持領先。」

第四，「我最早的記憶，是姊姊帶我去參加派對和社交活動，我出生時她八歲。」這個女孩記得她自己是社群的一分子；或許我們能由這個記憶裡發現她比別人具有較高的社會感。她的姊姊，大她八歲，對她一定像個媽媽一樣，是家裡最寵愛她的人；不過，她似乎以非常聰明的方式擴展這個小孩的興趣。

「家裡有四個男孩，在我出生前，姊姊是唯一的女孩，所以自然而然地，她很高興四處炫耀我。」這幾乎不如我們想像的好。當一個小孩被「炫耀」，可能會讓她認為社會該欣賞和讚美她，而不是她該對社會貢獻。「因此，在我還很小時，她便帶我外出。在這些派對裡我唯一記得的事情是，她不斷催促我『快告訴這位女士妳的名字』等等的話。」一個錯誤的教育方式——若發現這個女孩有口吃或其他語言障礙，我們一點也不會驚訝。小孩說話口吃通常是因為其他人過於重視她的談話所致。與其和別人自然和輕鬆地溝通，她反而被教導說話要小心，以博得別人的激賞。

「我還記得我會一個字也不說，回家後總被姊姊罵一頓，所以後來我變得痛恨外出和人見面。」我們必須澈底改正先前的詮釋版本。現在，我們可以了解這第一個記憶背後的意義是：「我被帶去和別人接觸，但我覺得很不愉快。這些經驗讓我從此痛恨這類的互動。」因此，我們可以推測說，她到現在依然不喜歡和人見面的場合。我們應該可以推敲，她和別人在一起時會感覺難堪和不自在，她相信自己應該成為人群裡耀眼的星星，但這個要求對她來講又太過分。因此，在她發展的過程裡，只要有別人在場，她便會感覺不自在與自卑。

第五，「在我很小時，發生了很重大的事件。在我大約四歲時，曾祖母來看我們。」我們已經提過祖父母通常會溺愛孫兒，但我們尚不知道一個曾祖母會如何對待她的曾孫。「她來拜訪我們時，我們一起拍攝了一張四代同堂的照片。」這個女孩對她的血統淵源很有興趣。因為她清晰地記得曾祖母來拜訪，及拍了照片，所以我們可以做出結論說，這個女孩和家人關係很親密。如果假設沒錯，我們將發現她的合作能力不會超過她的家庭圈子。

「我清楚記得我被載到另一個鎮裡去，到了照相館後，我換穿一件上面有刺繡的白色連身裙。」或許這個女孩也是個觀察型小孩。「正式拍四代同堂照前，我和弟弟先合照一張。」在這裡，我們再次看見她對家人的興趣。她的弟弟是家庭裡的一分子，我們可能聽到更多有關她和他之間的故事。「弟弟被放在我旁邊的扶手椅裡坐著，手裡抱著一個發亮的紅球。」現在，我們看見這個女孩的主要目標了。她對自己說，弟弟比較受疼愛。或許我們可以推測，她可不怎麼高興弟弟跟著來，因為他奪走了她最年幼和最受寵愛的地位。「他們告訴我們要微笑。」她的意思是：「他們試著要我微笑，但有什麼事情值得我笑呢？他們把王位給了弟弟，還給他一顆發亮的紅球，但他們給了我什麼？」

「接著我們拍四代同堂的照片。每個人都試著讓自己看起來最好看，除了我以外。我拒絕微笑。」她開始挑釁她的家人，因為他們待她不夠好。在這個最早的記憶裡，她沒忘記告訴我們她的家人是如何對待她的。「我的弟弟笑得很開心。他是那麼可愛。從此以後，我就討厭照相。」這種回憶充分說明了我們看待一生的方式。我們拿一個印象來調整一整個活動。我們拿它做結論，好像它們是不容質疑的事實。她在拍照片時很不快樂，至今依然抗拒拍照。通常我們發現一個人討厭做某件事情時，總會拿一個不喜歡的經驗作為全部理由。這個最初的記憶，對這個主人翁的個性提供兩個線索：首先，她是個觀察型的小孩；其次，也是最重要的，她和家人非常親密。她第一個記憶完全只和家庭圈子有關。她可能不怎麼適應社會生活。

第六，「我最早的記憶之一，或許它不是最早的，是在三歲半時發生的事件。一個幫我父母工作的女孩，帶我和堂妹到地下室去，讓我們偷喝一點汽水。我們愛喝極了。」

這個到地下室偷喝汽水的經驗十分有趣，是一趟冒險之旅。如果現階段要做結論，我們可能推敲出兩個可能性，或許這個女孩喜歡嘗試新經驗，勇敢面對生命；另一方面，也許她的意思是說，這世界總有人意志較堅強，能夠迷惑和摧毀我們。接下來的記憶會告訴我們答案。「一會兒後，我們決定要再喝點汽水，所以我們打算自己偷偷行動。」這是個勇敢的女孩，她想要獨立自主。「於是，我們開始行動，地下室有點溼滑，結果我們把整瓶汽水潑在地上。」在這裡，我們看見一個自我禁制者的形成。

「我不曉得我不喜歡喝汽水和其他飲料是否和這個事件有關。」在這裡，一個小小的事件再次成為一整個生命態度的理由。如果我們以實事求是的方式審視這個記憶，這一個事件還不足以導致這麼大的影響。然而，這個女孩卻暗自把它當成她不喜歡飲料的充分理由。我們可能會發現，她是個知錯能改，知道由錯誤中學習的人。她可能非常獨立，如果她知道自己做錯，會喜歡自己改正。這個癖性可能賦予她整個生命特色。好像她在說：「我犯錯，但當我明白它們是錯誤後，我會馬上改正。」假如真是這樣，她會是個具有良好特性的人：積極、勇敢，永遠急欲改善自己和環境，有一個良好和有用的生命。

在所有這些個案裡，我們所做的事情是在磨練推測的智能；在我們能夠肯定結論正確之前，我們需要檢討一個人其他的特徵。現在讓我們來研究幾個個案，在這裡，我們能夠清楚看見表徵與個性間的關聯。

一個受神經焦慮症之苦的三十五歲男性來找我。他只有在離開家時才感覺焦慮。偶爾他被逼去找工作，不過只要一到辦公室，他就會悲嘆並哭喊一整天，直到下班回家，回到媽媽身邊後，人才能平靜下來。在被問到他的第一個記憶時，他說：「記得四歲時，我在家裡坐在靠近窗戶的地方，我興味濃厚地看著外面街道上來來往往的人群。」他想看別人行動和工作；至於他自己呢，則只想坐在窗戶旁邊觀看。如果他要改變狀況，我們唯一能做的事情是，幫助他從認為不能和別人合作的信念裡釋放出來。迄今，他一直認為別人支持他是他唯一的生活方式。我們必須改變他的整個想法。斥責他也沒用，給他吃藥或打荷爾蒙也說服不了他。不過，他的第一個記憶讓我們找到一個更容易引起他興趣的工作。他的主要興趣是觀看別人。我們發現，他是個大近視，由於這項缺陷，他對有形的事物更特別用心觀察。

等他長大成人，年紀大得該去工作後，他依然想要繼續觀看，不想工作。然而，這兩者不一定牴觸。痊癒後，他發現一個可以滿足主要興趣的事業。他開設了一家藝廊，於是他能以自己的方式貢獻社會。

一個三十二歲的男性來找我做治療，他患有歇斯底里性失語症，只能和人低語般說話。這種情況已持續兩年。兩年前的某天，他踩到香蕉皮，頭撞上一部計程車車窗，從那以後他就變成這樣子。他嘔吐了兩天，開始出現偏頭痛。他有腦震盪是無庸置疑的，但喉嚨並未受到傷害，所以腦震盪不足以構成不能說話的原因。八星期以來，他完全說不出一句話。現在這個事件鬧上法庭，但這個個案很棘手。他把整個事件歸咎計程車司機，對計程車公司提出告訴並要求賠償。如果他能顯示他生理失能，很有機會打贏官司。我們並不是暗示說他人不誠實，但他沒理由不能說話。或許他是在撞擊後，精神受創過深，以致說話有困難，而且他看不出有什麼理由應該要改變。

病人看過一個專治喉嚨的醫生，但專家沒發現他的喉嚨有毛病。我問他的第一個記憶是什麼，他說：「我躺在一個懸吊著的搖籃，仰躺著。我記得我看著掛鉤鬆掉。搖籃掉在地上，而我受了重傷。」沒人喜歡跌倒，但這個男性過於強調跌倒，專注在它引起的危險上。這是他最主要的興趣所在。「我掉下地，房門打開了，我的媽媽走進房來，一臉驚恐。」這個墜地事件吸引母親對他的注意，但這個記憶也是一個斥責——「她沒把我照顧好。」同樣道理，計程車司機和計程車公司皆需譴責。他們也都沒有把他照顧好。這是一個被寵壞兒童的生活風格：他試圖要別人負責。

他接下來的記憶告訴我們相同的故事。「五歲時，我由二十呎高的地方掉下地，還被一塊重重的木板壓著。有五或六分鐘說不出話來。」這個男性很習慣失去語言能力。他訓練自己，讓墜地或跌倒變成他拒絕說話的理由。我們不能說這個理由夠充足，但他似乎認為已經足夠。他的經驗以此模式為根據，如果他跌倒了，接著就自動不能說話。唯有明白這是個錯誤，他才能痊癒，特別在他明白不用在一個事件後，只能低聲說話兩年。

不過，在這個記憶裡，他告訴我們為何他難以明白這個道理。「我的媽媽走出來，她看起來擔心和緊張極了。」這兩次墜地事件嚇著了媽媽，吸引她對他的注意。他是一個需要溺愛，想要成為注意中心的小孩。我們能夠了解，他不幸的命運有多麼需要補償。其他被寵壞的小孩可能情況類似。不過，他們可能不會朝失語的方向發展。這是這個病人的特色，是他依經驗建立的部分生活風格。

一個二十六歲的男性來找我，抱怨說他找不到滿意的工作。八年前，他的父親讓他進入經紀行業，但他從未喜歡這個工作，最近他剛辭職不幹。他試著找其他工作，但一直都不順遂。他還抱怨失眠，經常想自殺。辭去經紀工作後，他離開家，在另一個城裡找到一份工作，但他收到家裡寄來的信，說他的母親病重，所以他又回家和家人同住。

從這個故事我們已經能夠推測，他被媽媽寵壞，而他的父親則試圖壓抑他。我們可能發現，他的生活風格便是抗拒父親的嚴厲和管束。在被問及家裡的排行時，他回答說是老么，而且他是家裡唯一的男孩。他有兩個姊妹，姊姊總試著管教他。他的父親對他不停挑剔和嘮叨，他深深感覺自己被家人牽著鼻子走。他的媽媽是他唯一的朋友。

他直到十四歲才上學。後來，爸爸送他去讀農業學校，以後才能在爸爸計畫購買的農場上幫忙。這個男孩在學校的成績還不錯，但他決定不當農夫。是爸爸幫他在經紀公司找到工作的。他一待就是八年還真讓人驚訝，但他這麼做的原因，完全是因為他想盡可能多幫媽媽一點。

小時候他懶散和膽怯，怕黑和害怕孤獨。當我們聽見一個懶散小孩的個案時，總必須找出某個跟在背後幫他收拾的人。當我們聽到一個小孩怕黑，不喜歡孤單一人時，他一定是在尋求某個人的注意和安慰。在這個個案裡，這個人是他的媽媽。他發現交朋友並不容易，但他感覺自己和陌生人社交的能力還足夠。他從未談過戀愛；他對感情沒有興趣，也不想結婚。他看見父母的婚姻很不快樂，難怪會抗拒婚姻。

父親依然對他施加壓力，要他重回經紀行業。他自己則寧願去做廣告業，但他相信家人不會在經濟上支援他去接受專業訓練。我們能夠了解他的每一個舉動都是為了和父親對抗、唱反調。當他在經紀公司工作時，雖然在經濟上已能獨立，但卻從未想到用自己的錢去接受專業廣告訓練。

直到現在才想到要這麼做，因為他想反抗父親對他的新要求。

他的第一個記憶清楚顯示出，一個被寵壞的小孩對嚴厲父親的抗拒。他記得自己在父親的餐廳工作，他喜歡洗碗盤和更換餐桌碗盤的工作。他管閒事，自動跑去更換餐桌碗盤的舉動激怒了父親，父親當著顧客的面刮他耳光。他把早期的經驗當作父親與他為敵，整個生命都在和父親抗戰。其實，他依然不想去工作。只有傷害父親他才能感覺到滿足。

他想自殺的原因很容易解釋。每一件自殺都是一個斥責，他藉由想自殺的念頭表明：「一切都是爸爸的錯。」他對工作不滿也是為了和爸爸抗爭。不管父親提出什麼計畫，這個兒子一定反對和抗拒；但他是個被寵壞的孩子，事業上無法自立。實際上他根本不想工作，寧可玩樂，但他和母親還保有某種合作關係。但他和父親作對如何解釋他的失眠症呢？

假如他失眠，次日他就會沒精神工作。他的父親期待他去工作，但這個年輕人很疲倦，感覺無法工作。當然，他可以說：「我不想工作，我不要被人強迫。」但他關心媽媽和整個家庭的經濟。如果他拒絕工作，家人會認為他沒有前途、無藥可救，拒絕在經濟上資助他。他必須找一個藉口，他明顯找到了一個——失眠。

一開始他說他從不做夢。不過，後來記起一個經常做的夢。他夢見有一個人朝牆扔球，但球總是彈到別的地方去。這個夢聽起來似乎微不足道，我們能由這個夢和他的生活找出關聯嗎？

我們問：「接下來怎樣？」他告訴我們說：「每次球一彈開我就醒了。」透露出失眠的整體架構。他把這個夢當成喚醒他的鬧鐘。他夢見每個人都想推他向前，驅使並支配他去做不想做的事。他總在這時候醒來。因此，隔日他疲倦不堪，而當他很疲累時就不能工作。他的父親非常企盼他去工作，於是，藉由這個迂迴的方式，他打敗了父親。

我和他剖析夢境後，便不再做這個夢，但他告訴我，仍然偶爾會在晚上醒來。他再沒勇氣繼續做這個夢，因為他明瞭它的目的，但他依然故我，讓自己在隔天感覺勞累。我們能做什麼來幫助他呢？唯一可能的方式就是，調解他和父親間的關係。只要他所有的努力還專注在激怒、挫敗父親上，就沒有解決的辦法。我依照我們慣常的方法開始，對他坦承，父母在對待他的態度上必須調整。

我說：「你的父親大錯特錯！他一直對你施壓的做法極不明智。或許他有病，需要治療。但你能做什麼呢？你不能期待去改變他。假設天要下雨，你能怎麼做呢？你能撐把雨傘或坐上計程車避雨，但若你試圖阻止下雨則一點用處也沒有。目前你就是在和雨水抗戰。你相信這是顯示力量的方式，也讓心裡舒坦些。但是，你不過是在自我傷害，這比其他任何人能傷害你的還深。」

我告訴他問題隱藏的關聯性——他對事業的不確定、想自殺的念頭、離家出走、失眠，全是他在處罰自己、懲罰父親。我還給他一個忠告：「今晚你上床睡覺時，想像你要不時把自己叫醒，這樣明天你才會感覺疲倦，想像明天你會累得不能工作，父親會氣得大發脾氣。」我要他面對事實：他的主要目的是在激怒和傷害父親。若我們阻止不了這場抗爭，任何治療都沒有用。他是個被寵壞的小孩，我們依然能夠看出，如今他自己也明白這點。

這種狀況相當類似戀母情結。這個年輕人一心想要傷害父親，深深依戀著母親。不過，這和性無關。他的母親溺愛他，而父親對他一直殘酷不仁。他被一種不正確的養育方式撫養長大，所以對他自己的處境產生錯誤詮釋。他並不像奴隸那樣出自本能，殺害或凌虐他的部族首領，他是從自我經驗裡創造出這一切。每一個小孩都能產生類似的態度。我們只需給小孩一個溺愛他的母親，就好比這個個案的媽媽一樣，再給他一個嚴厲的父親，如同這個年輕人的爸爸。假如小孩和父親敵對，又無法獨立解決自身的問題，我們就能了解，他們很容易採取類似這個個案的生活風格。

WHAT LIFE COULD MEAN TO YOU

【第五章】

夢

第五章之一

以往的夢解析

幾乎每一個人都會做夢，但很少有人了解他們的夢：事件的一種驚異狀態。做夢，畢竟是人類全體共同的活動。人總是對夢保持著濃厚興趣，急欲明白它們的意義。許多人相信他們的夢意義重大、奇怪和短暫。這個對夢的興趣，我們可以追溯回人類最早期歷史。然而，整體而言，人類對自己做夢時究竟在做些什麼，或自己為何做夢，依然全無概念。就我個人所知，只有兩個學說解析夢。這些學說由佛洛伊德精神分析學派和個體心理學派創立。而這兩者間，或許只有個體心理學家能宣稱，他們採取常識性方式解析夢。

早期人們對夢的了解當然不夠科學，但依然值得我們思考。至少，它們顯示人類如何看待夢，及他們對做夢保持什麼態度。夢是心靈創造活動的一個產品，而且，如果探討以往人們了解夢所扮演的角色，我們就能了解它們。我們在研究之初就已發現，人類一向把夢和未來有某些關聯視為理所當然。人經常感覺某些神靈、上帝或祖先會掌控做夢的心靈，有些人則把夢做為引導脫困的指南。

古老的夢書給做夢者提供解析，並預測做夢者的未來。原始人在他們的夢裡尋找前兆和預言。古希臘人和古埃及人到廟堂膜拜，祈求夢見改變未來生命的聖夢。這種夢被認為有治療效用，能去除生理和精神障礙。美國的印地安人則藉由淨身、齋戒和泡汗澡等痛苦做夢，然後以夢的解析做為行為根據。古聖約書裡的夢，總被解析與未來發生的事件有關。即使到了今天，還是有人堅持他們的夢在後來獲得實現。他們相信，在夢裡他們有透視力，而且這個夢不知怎地能夠預知未來。

以科學做立足點來看，這種見解似乎荒謬可笑。從我試圖解決夢的問題開始，有一件事情對我再清楚不過，就是做夢的人較不能預測自己的未來，而一個清醒的人較能運用自己的能力。夢不見得較日常思考更睿智和更有預言性，反而只會讓人更迷惑。然而，夢這個傳統存在一定有其原因，或許我們可能從它裡面找到一些真理。假如我們抱持適當的態度，或許它能夠提供我們所需的線索。

我們已經了解，人以為夢能提供他們解決疑難的方法。我們可以歸納說，個體做夢的目的是為未來尋求指引，為自身問題尋求解決辦法。這和夢能預知未來的見解相差甚遠。我們仍然必須思考，這個個體在尋求哪一種解決方式，及他希望在哪裡找到它。任何一個由夢所提供的解決方法，似乎都不如檢視整體狀況後，所找出的方法適當。其實，說一個個體做夢是希望在睡眠中找出解決問題的方法，這種說法一點也不為過。

第五章之二
佛洛伊德學說

佛洛伊德學說試圖讓夢具有科學能夠了解的意義。然而，在幾個要點上，佛洛伊德學說對夢的解析卻又脫離科學領域。舉例而言，它預設心靈在白天和晚上的工作是不同的。「有意識」和「無意識」互為其反，夢被賦予自有的法則，與日常思考的規則對立。這個對照或二元性思想，能夠由神經症者那裡獲得清楚的說明。人經常相信左和右是相反的對比，男性和女性、熱和冷、輕和重、強壯和脆弱等都是對比。以科學作為立足點時，它們不是對比，而是相異。它們是一個天秤的計度，依它們的適性安排，達成某種虛構的理想。好和壞、正常和異常，實際上也不是相反的對比。任何理論若把睡眠和走路、夢中思想和日常思考視為相反的對比，自然就不科學。

佛洛伊德學說的另一個問題是說，夢和性背景適得其反。這亦脫離人正常的目的和活動。假若這是真的，夢就具有代表整體個性表徵以外的意義，僅是個性的一部分而已。佛洛伊德學派給夢一個單純的性解析並不正確，而且佛洛伊德建議說，夢有可能是死亡的無意識表徵。或許我們能夠找出道理，證明這是真實的。夢，如我們了解的，是一個企圖，是想要容易地抓取解決問題的方法，而且顯示出個體的缺乏勇氣。不過，佛洛伊德學說用語隱喻性極高，無法帶領我們對夢如何反映個體的整體個性做更進一步的發現。而且，夢中生活與清醒生活似乎極度有所區別。佛洛伊德學說給予我們許多有趣和珍貴的暗示。舉例而言，它說夢本身不重要，重要的是夢所隱含的思想，這個暗示尤其有用。在個體心理學裡，我們完成有點類似的結論。佛洛伊德精神分析學說所欠缺的是，一個心理學科學的首要條件——對人格關係，及對個體所有思想、言語和行為和諧上的認知。

這項缺陷可以由佛洛伊德對詮釋夢的回答裡觀察得知。「夢的目的是什麼？為何我們做夢？」這位精神分析學家回答說：「為了滿足個體未實現的欲望。」但這個觀點絕不解釋一切。舉例而言，如果這個夢不見了，如果這個個體忘記了這個夢，或理解不了這個夢，這份滿足在哪裡？每個人都會做夢，不過很少有人了解自己的夢。我們能由做夢裡獲得什麼樂趣？假如夢中生活和日常生活有所區別，而夢所給予的滿足在前者裡發生，我們或許能夠了解做夢者的目的。但這個解釋和個體的個性失去了關係。夢不再對這個清醒的人具有任何目的。

由科學的觀點來看，做夢者和清醒者是同一個個體，夢的目的必須適用這一互有連貫的個性。

有一種人我們確實可以把他在夢裡實現希望的努力，和整體個性連結在一起。這種類型的人是被寵壞的小孩，這一個個體總是在問：「我如何能得到我想要的東西？生命給我什麼？」這一個個體可能在夢裡尋找滿足，就如同他所有的行為一樣。其實，倘若仔細研究，我們會發現佛洛伊德學說是與被寵壞小孩一致的心理學，這種小孩感覺他的需要永遠不能被拒，他感覺有其他人存在不公平，他總是在問：「為何我該喜歡我的同胞？我的同胞喜歡我嗎？」

精神分析以一個被寵壞小孩的心態做基礎，鉅細靡遺研究這個領域。但尋求滿足僅是百萬個優越目的裡的一個，我們不能夠接受它是所有個性表現的中心動機。如果我們實際找出夢的目的，這能協助我們了解人為何忘記自己的夢，或為何無法明白它們的目的。

第五章之三

個體心理學的方式

這是我約在二十五年前，開始研究夢的意義時，所面對最棘手的問題。我能了解夢中生活不是清醒生活的相反和對比；它與生命的其他行動和表現對等。假如，白天我們忙於達成優越的目標，晚上一定忙於同樣的問題。每個人做夢的目的，與他們清醒生活裡的目的相同，好像他們也必須在夢裡努力尋求優越一樣。因此，夢一定是他們生活風格的一個產品，並且保持一致的目的。

☼ 強化生活風格

以下思考能立即協助說明夢的目的。我們做夢，早上醒來，通常已經把夢忘得一乾二淨。我們似乎沒留下任何印象。但真是這樣嗎？我們真的一點印象都沒有了嗎？有些東西留了下來：夢所引起的感覺依然跟著我們。夢的影像全不見了，一點對夢的了解也沒留下——我們只剩縈繞不去的感覺。夢的目的一定在掀動起的感覺裡面。夢僅是撩動我們情緒的一個方式，一種工具。夢的目的就是它所留下的感覺。

一個個體創造的感覺必須和他的生活風格一致。夢中思想和白晝思想這兩者並不一定絕對不同；這兩者並無明顯的分野。讓我們來給這兩者的不同做簡短的說明：在夢中，我們和現實的接觸較清醒時少，但我們並未真正脫離現實。假如某個問題在白天困擾我們，晚上我們睡覺時亦會一樣困擾。事實是，睡覺時，我們能夠避免不讓自己掉下床，這表示我們與現實的連繫依然存在著。不管外面街道多吵雜，為人父母者依然可以呼呼大睡，但小孩若稍有動靜，他們卻馬上驚醒。即使在睡眠中，我們依然和外面的世界保持接觸；然而，雖然我們的知覺能力不是不存在，但卻大大減弱，我們與現實的接觸也因此減少。做夢時，我們是孤獨一人的。社會對我們的要求不再那麼沉重和急迫。在夢中的思想裡，我們沒有義務要誠實地去處理周遭的狀況。

唯有在我們完全卸除緊張，並找到解決問題的方法時，我們的睡眠才不會遭打斷。做夢是平靜和安穩睡眠的阻因。我們能夠歸納說，即使在睡眠中，現實依然對我們施壓，告訴我們所需面對的困難，我們必須找出一個解決方法，只要我們不能肯定有解決問題的方法，我們就會做夢。

現在我們來檢討，睡眠中的心靈如何面對問題。由於我們不是在處理整個狀況，所以問題會容易一點，而我們無須多加自我調整就能找到解決辦法。夢的目的是支持和強化做夢者的生活風格，激起最適合的感覺。但為何生活風格需要支持呢？有什麼可能威脅它呢？它在現實裡是脆弱、容易受攻擊的。因此，夢的目的就是抵禦生活風格遭受現實的要求。這提供我們一個有趣的了解。如果個體面對他不想解決的問題，夢所激起的感覺可以幫他確認這個態度。

乍聽之下，這可能和清醒的生活有牴觸，但在現實裡是沒有牴觸的。當我們清醒時，我們可以撩起完全一樣的感覺。假如有一個人不願面對某個問題，他依照常識不想去處理它，寧可去追求舊的生活風格，那麼，他會竭盡一切努力調整他的生活風格，讓它看起來令人滿意。舉例而言，一個人的目標可能是想賺大錢，不需努力和工作，無需對他人貢獻就能無勞而獲。他想起賭博這個可能性。他知道許多人賭博輸了大錢，因而災禍連連，但他想要輕鬆賺錢，想要一夕致富。他將怎麼做？他想像自己靠投機和賭博發了大財，然後買一部跑車，過奢侈的生活，讓大家知道他很有錢。這些影像撩動他的感覺，加快付諸行動的腳步。最後失去常識和理性，開始賭博起來。

同樣事情在更普通的情況下發生。假如我們在工作，有人過來說他看過一齣戲很好看，這時我們便會想放下手裡的工作去看戲。如果一個男性正在談戀愛，他會想像自己的未來，假如陷入熱戀時，所想像的未來就會很愉快。有時候當他感覺悲觀，他會想像未來暗淡不樂，而且這些想像一定會撩動感覺和情緒，因此，只要注意一個人為自己掀起哪種感覺，我們便能辨別他人屬於哪個類型。

但如果夢除了感覺以外什麼都沒留下，一般感覺會怎樣？做夢和一般感覺對峙。我們可能會發現，不喜歡被感覺困惑，喜歡科學的人經常不做夢，或根本不做夢。一般感覺是合作的面向，不想好好接受合作訓練的人不喜歡一般感覺。這種人經常做夢。他們感覺焦慮，認為他們的生活風格應該占有優勢和獲得認可；他們希望規避現實的挑戰。我們歸納夢是一個個體企圖為他的生活風格和目前問題建立起一道橋梁，於是他就能避免調整生活風格。生活風格是我們夢的作者、監製和導演。它會撩起這個個體需要的感覺。如果我們無法由夢裡找出端倪，就不能找出個體的其他個性和行為。無論我們做夢與否，我們都會以相同方式解決問題，但夢為我們的生活風格提供支援和辯解。

如果這是真的，我們對夢的了解就邁入嶄新和十分重要的一步：在夢裡，我們是在自我愚弄。每個夢都是一個自動陶醉、一個自我催眠。它整個目的是在製造我們最能面對某一狀況時的心情。跟我們在日常生活裡的發現一樣，我們應該由夢裡正確看出相同的個性，一如往常受心靈支配，為白天所需使用的感覺做準備。如果我們的觀點正確，即使在夢的架構運用裡，我們也能夠看到自我欺騙。

有何發現呢？首先，我們發現某個選擇的影像、事件和狀況。先前我們已經提過這些選擇。當一個個體回顧從前時，他順從影像和事件的匯集。他的選擇有支持某種立場的傾向，只從記憶庫裡擇取支持個人優越目標的記憶。他的目標統治記憶。同樣，在夢的架構裡，我們僅檢取那些能夠強化我們生活風格，並顯示生活風格如何要求我們解決某一問題的事件。於是，這個事件的選擇，象徵我們的生活風格面對眼前困難的意義。在夢裡，生活風格請求依從它的方式。現實裡解決困難需要一般感覺，但生活風格拒絕讓路。

☼ 象徵與比喻

夢還由什麼地方而生呢？從最早期的觀察，到當代佛洛伊德特別強調的學說，夢主要建立在象徵和比喻上。好比一個心理學家說的：「在夢裡，我們是詩人。」為何夢以詩歌和比喻作為表達語言呢？答案很簡單。如果我們以普通方式訴說，沒有比喻或象徵，我們就逃避不了一般感覺。比喻和象徵便能夠濫用。它們能夠混入不同意義，同一期間裡，它們能說兩件事情，其中一件或許相當虛假。它們能引出不合邏輯的結論，並撩起感覺。我們也在日常生活裡使用它們。如果我們想要糾正某個人，或許會說：「別像個小孩一樣！」某種不相關的東西，某種純粹是情緒的說法，總是不知不覺混進我們的比喻裡。當一個大塊頭男人生小個兒男生的氣時，他或許會說：「他是一條蟲。他該被踩死。」他用比喻來表達憤怒。

比喻是奇妙的表達工具，但我們可以用它來自我欺騙。當荷馬用雄獅掠原的比喻來形容希臘軍隊時，他提供我們一個壯麗的影像。我們相信他想描述一些可憐，戰甲髒污的戰士爬過原野嗎？不是的，他想要我們把戰士想像成一群雄獅。我們知道他們不是真正的獅子，但假如詩人描繪戰士如何氣喘吁吁冒汗前進，他們如何振作勇氣或不畏艱險，盔甲如何老舊，及其他幾千個細節，我們的印象就不會如此深刻。比喻是用來描繪美麗，用來想像和遐想。不過，我們必須堅持，比喻和象徵若被一個生活風格遭誤導的人使用，必會危險無比。

有一個學生正面臨考試。他的問題很直接，他應該以勇氣和一般感覺來解決問題。但如果有一部分的生活風格要逃避，他可能會夢見打一場仗。他用比喻的型式繪出這個問題的影像，讓自己感覺不害怕。或他會夢見自己站在無底深淵的邊緣，必須掉頭跑開，避免自己墜下。他必須產生這類感覺作為規避策略，一個逃避型式，他用無底深淵來比喻考試是在自我愚弄。同樣地，我們能夠辨識另一個經常在夢裡使用的計畫。就是拿一個問題出來，降低它的嚴重程度，直到只剩下原始問題的本質為止。

再拿另一個學生為例，他勇氣十足，對生命具有較長期的觀點，希望完成他的工作和通過考試。不過，他依然需要支援，想要自我肯定——他的生活風格如此要求。考試前一晚，他夢見站在一座高山的山頂上。他的狀況影像被極度簡化。僅出現了生命狀況裡最小的部分。考試這個問題對他最嚴重，但他排除掉許多的面向，專注在成功面向上頭，激起能幫助他的感覺。次日起床時，他感覺比以前更快樂，更有精神和更有勇氣。他成功把問題的嚴重性降到最低。雖然他使自己感覺更胸有成竹，但實際上他也是在愚弄自己。他並未面對整個問題，他僅激起一個心情，讓自己有信心。

這種刻意激起感覺的動作，一點也不足為奇。一個人想跳過一條河流前通常會先喊一、二、三、跳。他喊一二三跳真有那麼重要嗎？這一點關係也沒有。不過，他數三後再跳，是要激起感覺與匯聚力量。我們擁有詳述生活風格所需的全部精神資源，其中一個最重要的資源，就是自行激起所需感覺和情緒的能力。我們不分日夜忙於這個工作，不過，或許它在夢裡更見清晰。

讓我用一個自己的夢來說明自我愚弄的方式。大戰期間，我在一間醫院擔任士兵震嚇痴呆症的主治醫師。我看見士兵適應不了戰爭時，為了幫助他們，我盡力試著分配他們去做輕鬆的工作。這大幅紓解了他們的緊張，效果經常都很成功。有一天，一個士兵來找我：他是我所見過體格最好和最強壯的男性。他非常沮喪，我們邊幫他檢查，邊想能怎麼幫他。當然，我最想做的事情，是把所有受困的士兵都送回家去，但我的建議必須經過上級長官核准，而且我必須規範自己不能太慈悲。這個士兵的個案很麻煩，但檢查結果出來後，我還是和他說：「你得了震嚇痴呆症，但你非常強壯和健康。我會分派你做輕鬆點的任務，這樣你就不用上前線。」

發現自己沒辦法回家後，這個士兵心情跌入谷底，他回答說：「我是個差勁的學生，但我必須靠軍校的津貼養活年老的父母。如果我上不了軍校，他們會餓死。假如我不幫助他們，他們會死掉。」

我真的希望能送他回家鄉擔任文職工作，但我害怕如果真這麼建議，上級長官會很生氣，反而指派他上前線作戰。最後，我決定依我最誠實的方法去做。我會證明他只適合當值班警衛兵。那天我回家後，晚上睡覺時做了一個惡夢。我夢見自己是殺人犯，在黑暗的小街上奔跑，試著想起被我殺害的人是誰。我不記得我殺了誰，但我感覺：「我殺了人，我完蛋了。我的生命完了。一切都沒救了。」

醒來後，我的第一個念頭是：「我殺了誰？」後來我想起：「如果我不給這個年輕人文職工作，或許他還是會被送往前線陣亡。那麼我就變成殺人犯。」你們看到我如何激起感覺來自我欺騙。我沒殺害任何人，即使我預見的情況真發生了，我也不需內疚。但我的生活風格不讓我冒這個險。我是個醫生；我是來挽救生命，不是來扼殺生命的。我提醒自己，如果我派他做較輕鬆的工作，上級可能送他上前線，情況反而更糟。我想起如果我想幫助他，唯一能做的事情是遵循一般的感覺，別管我自己的生活風格。於是，我做好建議報告，證明他適合當值班警衛兵。

後來發生的事件證明遵從一般感覺總是較好。我的上級讀了我的建議報告，他在上面畫了個大叉。我想：「現在他要派他上前線去了。我早該建議他轉任文職的。」但接下來上級在報告上寫道：「轉任文職六個月。」原來我的上級收了賄，給這個士兵放水。這個年輕人從未上軍校，他和我說的話沒有一句是真的。他編故事給我聽，只希望我派他做輕鬆點的任務，同時使得收賄的上級有機會更改我的報告。從那天開始，我想最好不要做夢。

夢是設計來愚弄和欺騙我們的事實，說明了它們鮮少被人了解。假如我們了解自己的夢，夢就不再有力量激起我們的感覺和情緒，再也欺騙不了我們。我們會偏愛符合一般感覺的方式，拒絕遵從夢給我們的暗示。於是，如果夢被了解，就會失去它們的目的。

夢是現實問題和生活風格的一道橋梁，但我們的生活風格不需要任何支援。它應該直接與現實接觸。人做許多不同的夢，當一個人遭遇某個問題時，夢透露出他的生活風格需要支援。因此，夢的詮釋因人的不同而異。所以，不可能用公式來解釋象徵和比喻；夢是生活風格的產物，依個人對自身狀況的詮釋而起。如果我簡短描述一些較典型的夢，我並不是在提供解夢的指引，我是想協助大家對夢和它們的意義能有大體上的了解。

第五章之四

常見的夢

許多人都夢見過飛翔。了解這些夢的關鍵，就在夢激起的感覺裡面。它們留下一種漂浮和勇敢的心情。它們由下往上引導。它們描述困難的克服，及優越的努力。它們讓我們想像自己是勇敢的人、積極和野心勃勃，但無法由自己的野心裡釋放出來，甚至連睡覺時也不能。這種夢涉及的問題是：「我該不該繼續下去？」而它們所建議的答案是：「我的路上沒有障礙。」

極少人沒做過下墜的夢。這種夢非常值得注意；它顯示人較專注在自我保留和害怕挫敗，較無心去克服困難。當我們想起傳統上警告小孩，護衛他們時，這就變得容易了解。小孩總被告誡說：「別爬上椅子、別玩剪刀、離火遠一點……」他們周遭常圍繞著虛構的危險，但讓一個個體膽怯永遠不能協助他面對真正的危險。

當人做了渾身麻痺或錯過火車的夢時，這意義大體是「如果這個問題未涉及我就已過去，我會很高興。我必須繞道而行，必須遲到，這樣我便不需面對這個問題。我必須錯過火車。」

許多人夢見考試。有時候在夢裡，他們很驚訝發現，年紀這麼大了竟還要考試，或成功考完一個考試，但這個考試科目他們以前早就考過高分了。這種夢對某些人意義會是——你還沒準備好面對問題。對其他人它的意義則變成「你以前就考過，目前你也能過關」。夢對每個人的象徵永遠都不會相同。我們主要必須考慮的是，夢所遺留下來的心情，及它與整個生活風格調和的方式。

第五章之五

一些個案研究

曾經有一個三十二歲的神經症者來找我做治療。她是家裡的第二個小孩，和大多數排行老二的小孩一樣，她非常有野心。凡事總想搶第一，並用一種非難的態度解決所有的問題。她因為神經衰弱來找我治療。她和一個較她年長、生意失敗的已婚男人談過一次婚外情。她想和他結婚，但他離不了婚。她夢見一個男性，是她到鄉下住時承租她公寓的房客，他搬進來後不久就結了婚，但卻沒錢支付房租。他的人不誠實，也不認真工作，逼得她只好把他趕走。我們馬上能夠了解這個夢和她目前的問題有關。她在考慮該不該嫁給一個生意失敗的男人。她的愛人很窮，不能在經濟上支持她。他曾經帶她外出吃晚餐，身上的錢卻不夠支付帳單，這尤其更加深了她的疑慮。這個夢的結果是在激起她反對結婚的感覺。她是個有野心的女人，她不希望和一個窮男人牽扯一生。她用一則比喻來問她自己說：「如果他租了我的公寓卻付不出房租，我要對這個房客怎麼辦？」答案是：「他必須離開。」

然而，這個已婚男人不是她的房客，他的狀況和男房客不同。一個支持不了家庭經濟的丈夫，和付不出房租的房客是不一樣的。為了解決她的問題，為了更肯定追隨她的生活風格，她給自己這個感覺：「我一定不能和他結婚。」於是，她避免依一般感覺的方式面對整個問題，僅處理它的一小部分。同時，她把整個愛情和婚姻的問題減到最小——一個男人租了我的公寓，如果他付不出錢就必須被趕出去。

由於個體心理學的治療技巧，總是在引導個體增加勇氣，勇敢面對人生問題，所以，個體的夢會隨著治療過程改變，顯露出一個更有信心的態度。一個憂鬱症病人，她在發病前做的最後一個夢是：「我獨自一人坐在外面的板凳上。突然間刮起強勁暴風雪。我很幸運能夠逃脫，因為急著進門找我的先生。接著我讀報紙上的人事廣告，幫他找適合他做的工作。」

這個病人能夠詮釋自己的夢。它清楚顯示出想和丈夫和解的感覺。一開始她恨他，痛苦地埋怨他軟弱，他缺乏創業精神，無法賺取富足的生活。這個夢的意義是：「與其暴露在外面的危險中，我最好還是和丈夫在一起。」雖然我們可能贊同這個病人做的結論，但她和丈夫和婚姻的和解方式，相對上卻充滿焦慮的陰影。孤單的危險被她過度強調，而且她依然未充分準備好，勇敢地和丈夫合作。

一個十歲男孩被帶來我的診所。學校裡的老師抱怨他對其他小孩殘忍和惡毒。他在學校裡偷東西，然後把偷來的東西藏在其他男孩的座位，嫁禍給他們。這種行為只會出現在一個有羞辱他人需要的小孩身上，以證明殘忍和惡毒的人是別人，不是他自己。

如果這是他採取的手段，我們能夠猜測，他一定是從家裡學來的，他家裡一定有某個人灌輸他這個思想。這個十歲男孩在街上朝孕婦扔石頭，當場被逮個正著。以他的年紀，他可能明白懷孕是怎麼事。我們可以猜測他不喜歡懷孕這件事情，而且，我們必須了解他家裡是否有一個不受他歡迎的弟弟或妹妹。老師在他的評估報告上說他是「鄰里害蟲」；他欺負其他小孩，罵髒話、說壞話。他還追打小女孩。這顯示家裡可能有一個妹妹和他競爭。

我們得知他是家裡兩個小孩的老大，有一個四歲的妹妹。他的媽媽說他很愛自己的妹妹，對她一向很好。這讓我們難以置信——這麼一個男孩不可能愛他的妹妹。稍後我們會看到我們的推測獲得證實。這個媽媽還宣稱，他們夫妻的感情很好。這個男孩真不幸。顯然父母不肯對他的錯誤負責；一定是他的劣根性作祟，命運使然，或祖先搞的鬼！

我們在個案研究裡經常聽見完美理想的婚姻：如此一對出色的父母卻生出這麼可怕的小孩！教師、心理學家、律師和法官皆目擊過不幸事件。其實一個「完美理想」的婚姻，可能給這個個案的男孩帶來大問題：如果他明白他的媽媽深愛爸爸，這可能激怒他。他想要獲得媽媽的全部注意力，可能假裝愛其他人。那麼，我們要怎麼做呢？假如幸福的婚姻對小孩不好，那麼不幸福的婚姻豈不更糟？首先，我們必須讓小孩學習合作。我們必須避免讓他緊黏爸爸或媽媽不放。這個個案的小孩一定被寵壞了；他想要保有媽媽的注意力，只要他感覺注意不夠，就開始惹麻煩。

在這裡，我們立即發現我們的猜測獲得確認。這個媽媽從不處罰小孩；等他的爸爸回家來懲罰他。她認為自己太柔弱，覺得只有男性才能夠命令和要求，及夠強壯處罰小孩。或許她想要兒子持續依戀她，害怕失去他的愛。無論如何，她逐漸引導兒子失去和爸爸合作的興趣，父子間的摩擦愈來愈大。我們聽說這個父親深愛他的妻子和家庭，但男孩使得他下班後害怕回家。這個男孩並沒有不喜歡他的父親，這也是我們聽說的。再一次，這是不可能的事情——這個男孩意志並不薄弱。他只是學會了很有技巧隱藏起他的感覺罷了。

他愛妹妹，但他不會好好地和她玩，而且經常打她耳光或踢她。他睡餐廳的活動床；妹妹睡在父母房的一部嬰兒床裡。現在如果我們能夠設身處地為男孩想，假如我們能夠體諒他的心境，這張在父母臥房的嬰兒床會困擾他。我們試圖以這個男孩的心態來思考、感覺和觀看。他想要成為媽媽注意的中心。到了晚上，妹妹卻如此接近媽媽。他必須抗戰把媽媽搶回來。這個男孩身體非常健康；出生時健康正常，媽媽餵了他七個月母奶。首次喝牛奶時他嘔吐了，而且這個嘔吐現象直到三歲時才停止。所有的可能性告訴我們，他的胃不好。如今他吃得很飽、很有營養，但胃不好的問題依然持續著。他把這當成弱點。現在我們對他朝孕婦扔石頭的行為，能有多一點的了解。他非常挑食。如果不喜歡擺在面前的食物，媽媽會給他錢出去買他喜歡吃的東西。然而，拿著錢的他卻跑去和鄰居投訴，說父母不給他吃飽。這是他企求完美的一個技倆。目的總是相同：毀謗別人是他取得優越感的一個方式。

現在我們來了解他在診所時和我們描述的一個夢。「我是一個西部牛仔。」他說。「他們要我去墨西哥，之後我必須單槍匹馬回美國。有一個墨西哥人來找我麻煩，我朝他的胃重重踢過去。」這個夢的感覺是：「我的四周盡是敵人。我必須抗爭和打鬥。」美國牛仔被視為英雄的替身；他以為追逐小女孩和踢別人的胃就是英雄的行為。我們已經知道，胃在他的生命裡扮演非常重要的角色，他把胃當成最弱的一點。他自己胃不好，他的爸爸也常抱怨自己的胃有問題。胃成為家庭裡最重要的問題。這個男孩的目的在攻擊別人最脆弱的部位。

他的夢和他的舉動，絲毫不差顯露出相同的生活風格。他活在一個夢裡，如果我們不能喚醒他，他會繼續以此方法生活下去。他不僅會和爸爸、妹妹、小孩、特別是小女孩作對，還會想和試圖遏止他抗爭行為的醫生戰鬥。他的夢會刺激他繼續當英雄，征服其他人；除非能夠明白，他是如何在愚弄自己，不然再多的治療也無濟於事。

我們和他解釋夢。他感覺自己住在窮鄉僻壤，每個想要處罰和牽制他的人都是墨西哥人；他們都是敵人。第二次來診所時我們問他：「自上回我們見面後，有什麼事情發生呢？」

「我一直很壞。」他回答說。

「你做了什麼？」

「我追打一個小女孩。」

現在這遠甚於告白；這是一個誇耀和攻擊的表示。這裡是一個人人試著幫助他改善的診所，但在這裡，他卻堅稱自己一直是壞男生。他是在說：「別希望我會改善。若惹火我，我連你們的胃也會踢。」我們要拿他怎麼辦？他依舊在做夢，仍然玩著扮英雄的遊戲。我們必須縮小他由這個角色裡所獲得的滿足感。

我們問他：「你相信夢裡的英雄，真會追打小女孩嗎？那樣做不是一種相當差勁型的英雄主義嗎？如果你要做英雄，應該去追打大塊頭、強壯的女生。你根本就不應該去追打一個女生。」這是治療的一面。我們必須擴展他的視野，讓他較不那麼急欲繼續他的生活風格。好比德國諺語說的，我們必須「朝他的湯裡吐口水。」如此一來，他就不會喜歡那碗湯。另一面的治療是鼓勵他有勇氣去和別人合作，以一種裨益社會的方式去尋找自我的重要性。除非一個人害怕適應不了社會生活，不然他決不會採取反社會行動。

一個二十四歲、獨居，擔任祕書工作的女孩，抱怨說她受不了老闆頤指氣使的態度。她也感覺無法和人交朋友，維持不住友誼。經驗讓我們相信，一個個體維持不了友誼，是因為她想支配別人；實際上她只對自己有興趣，她的目的在顯示個性上的優越。或許她的老闆就屬這一類型。他們倆都想支配別人。當兩個這種類型的人相遇，他們的關係一定很困難。這個女孩是家裡七個小孩的老么，是家裡的寵兒。她有一個暱稱叫「湯姆（男人婆）」，因為她總想當男生。這增加我們的懷疑，她想以支配別人來達成她優越的目標；她認為若要有男子氣概，她就必須當主宰，控制別人，不受自己控制。

她長得非常漂亮，但她認為，別人喜歡她是因為她有一張美麗的臉蛋，所以很害怕自己的臉蛋變形或受傷。漂亮女生發現在我們的社會裡，她們更容易給人深刻印象和控制別人，這個女孩也明白這一點。然而，她想要當男生，以陽剛的方式支配他人。所以她對自己的美貌沒特別興趣。

她最早的記憶是，一個男性嚇壞了她，至今她依然害怕自己變成盜匪或襲擊者的受害人。對這個想要有男子氣概的女生來說，害怕盜賊和襲擊者有點奇怪；但其實這沒那麼奇怪。是脆弱感在指揮她的目標。她想要處於能夠統治和征服別人的狀況，而且她想排除所有其他的狀況。盜匪和襲擊者不受她的控制，她想要把他們全部消滅。她希望以容易的方式變得有陽剛味，若她失敗，就能減輕傷害，讓自己有個依靠。她這股身為女性，深沉的不滿足感，我所謂的「雄性主張」，總是如影隨形伴隨著她的緊張感——「我是個抗拒身為女性缺陷的男性。」

讓我們來看看，能否從她的夢裡找到同樣的感覺。她經常夢見自己孤獨一人，是個被寵壞的孩子；夢的意思是說：「我必須隨時被照料。丟下我獨自一人不安全。其他人可能攻擊和征服我。」另外一個常作的夢是掉了錢包。「小心！」她是在說：「妳身處在丟掉某樣東西的危險裡。」什麼都不想失去；尤其不想失去她控制別人的力量。她選擇用生活裡的一個事件，掉了皮包，來代表她的整個狀況。在這裡，我們再次看見夢如何創造感覺來強化生活風格。她並未丟掉錢包，但她夢見掉了，接著留下這麼個感覺給她。

她另一個較長的夢，協助我們更清楚她的態度。「我去一個游泳池，池裡人很多，」她說：「有人發現我站在人群的頭上面。好像有人看見我站在他們上頭，朝著我大聲叫喊，而我就快要掉下來了。」假如我是個雕刻師，我也會為她雕刻這幕情景，站在別人的頭上，把別人當支撐她的臺座。這是她的生活風格，這是她喜歡的感覺。不過，她了解狀況很危險，她認為其他人也應該知道她有危險。其他人應該看護她、照顧她，所以她才能繼續站在他們的頭上！她感覺在池裡游泳不安全，而這就是她整個生命的故事。「即使我是女人，我也要當男人」變成她的心理目標。她很有野心，就和大多數老么一樣，但她想要自己看起來比別人優越，但害怕挫敗的恐懼不停籠罩著她。如果要幫助她，我們必須找出方式，讓她能接受自己是女性的事實，消除她內心的恐懼，轉變她一心想成為男性的思維，並協助她待人友善。

一個女孩的弟弟在一場意外裡身亡，她說出的第一個記憶是：「我的弟弟還很小，正在學走路，他抓住一張椅子想站起來，椅子倒下來撞到他。」這是另一個意外，讓我們了解她深深記得這世界充滿危險。「我最常做一個夢。」她繼續說：「這個夢非常奇怪。我沿著街走，地上有一個洞我沒看見。走著，走著，我掉進洞裡。洞裡面都是水，一摸到水我就醒來，心跳得很厲害。」

我們會發現這夢並不像她說的那麼奇怪；但如果她繼續做這夢，一再驚醒自己，她一定會認為這個夢很神祕、難以了解。這夢對她說：「小心啊！有很多危險妳不知道。」不過它告訴我們的意義不僅於此。如果你已經掉下，你就不會再掉下去。如果她有掉下的危險，就必須想像她在其他人上面。這就與上一個個案一樣，她是在說：「我比較優越，但我必須隨時小心，不要掉下。」

我們將由另一個個案的第一個記憶和夢裡，試試能否找到相同的生活風格。一個女孩說：「我記得自己興趣濃厚，看著別人蓋房子。」我們可以猜測她有合作性。一個小女孩不可能參與蓋房子，但她興趣濃厚看別人蓋房子，表示她樂意加入這個工作。「當時我還很小，站在一座非常高的窗戶前面，窗戶玻璃非常清澈透明，到現在我還記憶猶新，好像是昨天發生的事一樣。」她注意到窗戶很高，當時心裡一定做著高矮的對比。她的意思是說：「窗戶很大，而我很小。」之後我們若再聽到她小化自己一點也不用驚訝，窗戶正是她對比較大小如此有興趣的原因。她提及記得窗戶如此乾淨透明，則是一種炫耀。

現在讓我們回來談她的夢：「我和幾個人坐在一部車裡。」和我們想的一樣，她有合作性；她喜歡和別人在一起。「車子一直開到樹林前面才停車。每個人下車，跑進樹林裡。他們大都比我大。」她再次注意到大小的不同。「但及時搭上一部電梯，電梯載我們往下到一條約十呎深的礦坑裡。我們以為如果走出電梯，空氣會把我們毒死。」現在她指出有一個危險。大多數人害怕某些危險；人類不是非常勇敢的。不過，她繼續說：「我們走出電梯，一切安全得很。」你能夠在這裡看到樂觀。如果一個個體有合作性，他總是勇敢和樂觀的。「我們在那裡停留了一分鐘，然後坐電梯回來，急跑進車子裡。」我相信這個女孩一向很合作，但她給我的一個印象，她想要高大一點。我們會發現她有點緊張，好像踮起腳尖站著一樣，但她喜歡與人為伍，有興趣和別人分享成就，這些感覺會抵銷掉她的緊張感。

WHAT LIFE COULD MEAN TO YOU

【第六章】

家庭的影響

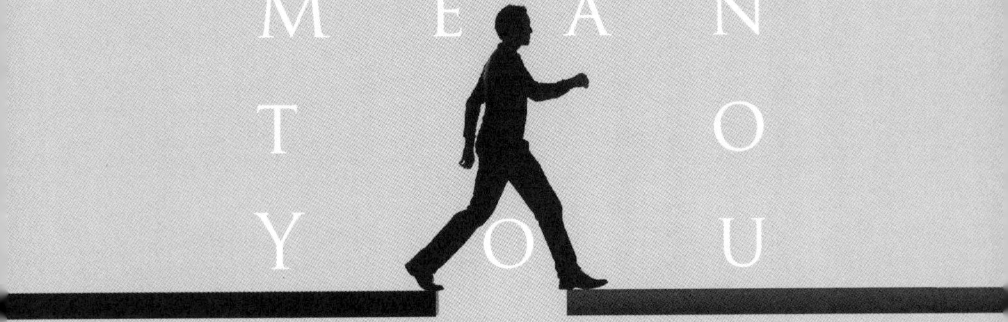

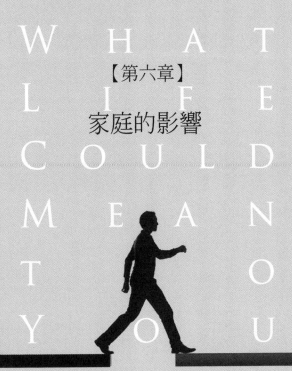

第六章之一

母親的角色

一個嬰兒自出生開始，即尋求與母親結合。這是他所有行為的目的。有許多個月裡，母親對他扮演著無可替代的角色：他幾乎完全依賴她。在此狀況下，他的合作能力開始發展。母親賜予孩子機會，讓他第一次和別人接觸，第一次對自己以外的人發生興趣。她是他往社會生活的第一道橋梁；一個小孩若無法和母親，或和某個取代她位置的人做任何結合，他無可避免會變壞。

這個結合是如此緊密和影響廣泛，這表示，稍後我們永遠也辨識不出任何特質是否為遺傳的結果。每一個可能的遺傳性向已經被母親改變、訓練、教育和重新塑造。她的技巧，或缺乏技巧，影響孩子全部的潛能。我們說到一個母親的技巧，它的意思很簡單，我們指的是她和小孩合作，說服小孩和她的合作的能力。這個能力沒有一套規則可循。每天都有新狀況發生。她必須洞察和了解小孩的需要。只有她對小孩有興趣，她關心要贏得孩子的愛和保障孩子的幸福的情況下，才能獲得這些技巧。

我們能由母親所有的動作裡看出她的態度。在她抱起小孩，揹他、和他說話，幫他洗澡或餵他吃東西時，都有機會和他結合。如果當母親的技巧不夠，或對這些技巧沒有興趣，她會顯得笨拙，小孩會抗拒她。假如她從未學習怎麼幫小孩洗澡，小孩會發現洗澡是一項不快樂的經驗。與其和她結合，他反而會試著擺脫她。她放小孩回床睡覺的技巧，從動作，到她發出的聲音都必須臻熟。不管看護他或留他自己一個人，她都必須有技巧，必須顧及他的整個環境——新鮮空氣、室內溫度、食物營養、睡眠時間、生理習慣和清潔。每個場合她都在提供機會，讓小孩喜歡或討厭她，和她合作或排斥和她合作。

做母親的技巧沒有什麼特別祕方。所有技巧都是興趣和訓練的結果。準備做母親在生命極早期便已開始。我們可由女孩對較年幼小孩的態度，首先看出端倪。根本不用教導男孩和女孩，他們彷彿明白自己未來的任務。如果我們要有技巧嫻熟的母親，那麼，女孩必須被教導如何做母親，所使用的教育方式要讓她們喜歡做一個母親，把做母親當成創造性活動，別在稍後必須扮演母親角色時感到失望。

不幸地，西方文化並未給母親的角色太高評價。如果我們重男輕女，如果男孩的角色優越過女孩，女孩們自然不喜歡未來當母親的工作。沒人會滿足於附從的角色。當這種女孩長大結婚生子後，她們不願意或未準備好生育子女；她們不盼望子女的出現；她們也不把做母親視為創造和有趣的活動。

這可能是我們社會的最大隱憂。整個人類社會認為，女性做母親是天經地義的事情。女性的生命價值幾乎在各處都遭低估，女性被當成附屬角色看待。

我們發現小男孩在孩童時期，便已把做家事看成是僕役的工作，彷彿動根指頭幫忙會有損他們的尊嚴。眾所皆知，女性不認為管理家務是一事業，而是她們遭降級去做的單調苦差事。

如果女性真能把管理家務當成一門藝術，對這個工作有興趣，認同這個工作能夠照亮和豐富其他人的生命，她就能視這份工作和世界裡的其他工作一樣平等。另一方面，如果男性把它視同一份卑賤的工作，那麼，有些女性抗拒她們的工作，對它們起嫌棄與反感，並付諸行動證明，這令人訝異嗎？——情況應該很明顯——她們和男性一樣平等，被賦予權利思考並發展潛能。然而，潛能要透過社會感才能發展盡致，假如她們的發展未受到外在的限制和束縛，社會感將會指引女性正確的方向。

在女性角色遭低估的地方，婚姻生活的和諧亦盡遭摧毀。把照顧小孩當成是次等工作的女性，沒有人能夠讓自己發展出小孩在生命之初所急需的技巧，照顧、了解和體諒。一個不滿意自己角色的女性，她一生的目標是提防自己不要和子女有適當的結合。她的目標和其他女性不同，她經常專心在證明個人的優越；由這個觀點來看，子女只不過是麻煩和混亂。如果我們追蹤生命失敗的原因，幾乎總會發現有一個未善盡職責的母親：她未給予子女一個有利的開始。如果母親失敗，如果她們不滿自己的工作，對她們的工作興趣不夠濃厚，整個人類便陷入險境。

然而，我們不能由於她做不好母親就認為她有罪。這和罪責無關。或許做母親的她未受過合作訓練；或許她在婚姻生活裡受壓抑和不快樂。她可能為自己的情況迷惑和擔憂；甚至感覺無力和絕望。有許多因素妨礙良好家庭生活的發展。一個生病的母親可能想要和子女合作，但回家後她卻筋疲力盡，沒有體力做她想做的事情。如果一個家庭經濟困難，小孩的食物、衣物和居住環境也可能跟著出問題。而且，小孩沒有管理他們行動的經驗；他們依據自己的經驗行動。當我們探討一個問題兒童的背景時，我們經常發現他和母親的關係有困難，但我們由其他發展較成功的小孩身上，亦能夠看到類似困難。在這裡我們回到個體心理學的基礎觀點：人格發展沒有固定原因，但小孩能夠利用經驗來達成他的目標，並把它們轉變成看待未來或生命的理由。舉例而言，我們不能說一個小孩若遭受惡劣的養育，就會犯罪。我們必須了解他由經驗裡歸納出怎樣的結論。

然而，若一個女性不滿她做母親的角色，顯然她和子女都會遇到困難和壓力。但我們知道母愛的天性有多強烈。調查資料清楚顯示，一個母親保護子女的感覺，較她所有其他的慾望強烈。

以動物、老鼠和猴子為例，研究顯示牠們的母愛本能較性需要或飢餓感強烈，因此，如果要由這些選擇的話，獲選和佔優勢的一定是母愛的天性。

這個努力的基礎不是性。它源自合作這個目標。一個母親經常把子女視為她的一部分。她整個一生和子女連結著。她感覺擁有生與死的力量。我們能夠由每一個母親身上發現，在某種程度上她對子女的感覺讓她實際創造出某種東西。或許我們幾乎可以說，她感覺像上帝那般——從無到有，創造出一個生命體。母性慾望實際上是人類求取優越、人類擬神目標的一面。這提供我們一個最清楚的例證，說明根據最深的社會感，這個目標如何能被用來維護人類和其他人的利益。

當然，任何一個母親都可能過分擴大子女是她一部分的感覺，用子女來達成個人優越的目標。她可能試著讓子女完全仰賴她，控制他們永遠離不開她。讓我引用一個七十歲無知老婦的個案。五十歲的兒子依然和她住在一起。他們兩個同時染患肺炎。母親戰勝病魔倖存下來，兒子送醫後不治身亡。母親在聽見他的死訊時說：「我一直知道，我永遠無法把這個兒子養育長大。」她感覺要為子女的一生負責。她從未試著讓他充分融入社會，成為社會的一分子。我們能夠開始了解，一個母親未擴展她和子女的連結關係，未引導子女和環境平等合作，是多麼大的錯誤。

一個母親的關聯性並不簡單，而且她和子女間的連結絕不能過度強化。這千真萬確地造福子女，也是為她自己的好。當有一個問題被過度重視，其他問題就被忽略，即使我們僅需面對一個問題，但如果把它看得過於重要，就不能有效解決。一個母親和她的子女、丈夫、及周遭的整個社會都有關係。她必須平等給予這三個關係注意力：她必須冷靜並依一般感覺面對這三者。假如母親只關心和子女的關係，就不能避免驕縱、溺愛孩子。她會使他們難以發展獨立與合作的能力。

當她成功與孩子結合後，下一個工作就是要延伸孩子的興趣，把父親包括在內。如果她對丈夫沒有興趣，就幾乎不可能做好這個工作。她亦必須讓孩子對他們的社會環境產生興趣：對家裡的其他小孩、朋友、親戚和其他人有興趣。因此，她的工作量加倍。她必須給予孩子人類是值得信任的第一個經驗，之後她必須讓他們把這份信任和友善的感覺，延伸到整個人類社會。

假如母親只培養子女對她有興趣，之後他會全力抗拒對別人發生興趣。他會一直想由母親那裡尋求支持，對別人充滿敵意，因為他認為別人都和他搶媽媽。若她對丈夫、家裡的其他小孩顯露出愛和興趣，這個小孩就會感覺遭受剝奪和損失，並產生這種想法：「我的媽媽只屬於我一個人。」

現代心理學家對這個狀況已經了解一大部分。以佛洛伊德學說裡的戀母情結為例，它假設男孩有愛戀母親的傾向，希望能和媽媽結婚，他們痛恨和想殺害自己的爸爸。如果我們了解小孩的成長過程，這種錯誤就不會發生。每一個希望獲得媽媽全部的注意，並排斥其他人的小孩都有戀母情結。這種欲望和性無關。它的目的是支配母親，完全控制她，讓她變成僕人。這只會產生在被母親寵壞，對別人完全沒同伴感的小孩身上。因此，戀母情結是錯誤養育方式所製造的人工產物。我們沒有理由去假設，有遺傳的近親相姦天性存在，我們亦不會想像如此偏差的行為是基於性的需要。

一個母親若限制小孩只能和她合作，一旦小孩不再能接近她時，麻煩就層出不窮。以他去上學，或到公園和其他小孩玩耍為例，他的目的總會保持接近媽媽。他會排斥任何和她分離的機會。為達到目的他會使用許多手段。他可能變成媽媽的寶貝，顯得脆弱和情深，懇求同情和關愛。每當有事情和他作對，他可能哭泣或生病，顯示出他多麼需要照顧。另一方面，他可能大發脾氣；他可能忤逆或惹媽媽生氣，以博得媽媽的注意。我們在問題兒童裡發現，有數以千計不同類的被寵壞小孩，他們努力獲取媽媽的注意，並排拒周遭環境對他們的要求。

以為把這些小孩從母親的身邊帶走，交給護士或專業機構照顧就是補救母親犯錯的最佳方法，這種想法實在荒謬可笑。當我們試著找出母親的替代品時，等於在尋找某人來扮演母親角色——能夠像個母親一樣對小孩有興趣。我們不如訓練小孩的母親來做，反而較容易。在孤兒院長大的小孩經常顯示他們對別人缺乏興趣：因為沒人為這些小孩和其他人類同伴建立橋梁。

有時候孤兒院會以成長不良的小孩做實驗。有一個護士或修女給這個小孩個別照顧，或有家庭領養這個小孩，母親可以照顧他和其他小孩。只要領養小孩的母親經過精心挑選，結果總顯示，這個小孩的成長獲得大幅改善。養育這種小孩的最佳方式是，幫他們找一個替代的母親和父親，讓他們過家庭生活。我們可由許多問題兒童都是孤兒，非婚生子女或棄兒，及破碎婚姻家庭的小孩這個事實裡，了解一個母親的愛和興趣對小孩有多麼重要。

繼母的角色是出了名地難為，她的丈夫前次婚姻所生的小孩，經常和她作對。這個問題不是無解，而且我也見過一些繼母非常成功。不過，繼母經常未透澈了解這些小孩的整個狀況。或許他們在失去母親後轉而尋求父親的注意，變成被父親寵壞的小孩。如今他們感覺繼母搶走父親對他們的注意力，所以才會攻擊繼母。

她感覺自己必須反攻，而這些小孩因此有了真正的苦惱。她越是和他們作對，他們就越是全力和她作戰。和小孩作戰的戰爭，結果總是失敗：無論她打贏或打輸，孩子都永遠不懂合作。在這些抗爭裡，人性的弱點總是獲勝。他拒絕給予，以此方式他也永遠不能獲得某些東西。如果我們了解合作和愛永遠無法靠抗爭贏取，那麼這個世界就能省下難以估計的壓力和無用的努力。

第六章之二

父親的角色

在家庭生活裡，父親角色的重要性和母親不分軒輊。雖然一開始他和小孩的關係不如母親親密，不過之後他對小孩有舉足輕重的影響。先前我們已經描述過，一個母親若無法延伸小孩的興趣，小孩對社會感的發展會遭受嚴重阻礙。父母婚姻不快樂的小孩陷入險境裡。他的母親可能感覺無法將父親納入家庭生活；她可能想把小孩完全佔為己有。或許父母把小孩當成他倆爭戰的一顆棋子。他們都想拉攏小孩，讓小孩比愛對方還更愛自己一點。

如果小孩明白父母的意見不合，他們會有技巧對父母個別玩遊戲。如此一來，可能引起父母彼此間的競爭，比賽誰更能控制這個小孩或縱容他多一點。在這種家庭氣氛成長的小孩，是不可能學習合作的。父母間的合作是他對合作的第一個經驗，如果父母的合作關係很差，他們不可能教導小孩合作。此外，小孩對婚姻和性伴侶的第一個印象來自父母的婚姻。不快樂婚姻家庭的小孩，除非第一印象獲得矯正，不然他們會一直對婚姻抱持悲觀看法。即使長大後，他們依然深信婚姻是件不快樂的事。他們會刻意迴避異性，或深信自己求愛過程一定遭拒。因此，如果父母的婚姻不是社會合作的一面，他們就製造出嚴重殘障的小孩。婚姻是兩個人為追求他們的共同孩子和社會福祉的合夥關係。如果其中一個方面失敗，就不能滿足生命的要求。

婚姻是一種合夥關係，不應該有一方享較高地位。這一點我們需要多深入思考。整個家庭生活並不需要有人扮演權威，有一方地位特別顯著或價值較高，是一件不幸的事情。如果父親脾氣不好，試圖支配家中其餘成員，兒子會受他影響，對身為男性產生錯誤的看法。他的女兒受害更深。稍長後她們會把男性想像成專制的暴君。對她們而言，婚姻似乎不過是征服和奴役的關係。有時候她們長大後為尋求和男性抗爭，她們會刻意培養對女性有興趣的性取向。

如果母親擔任支配角色，不停挑剔家庭成員，狀況就完全相反。女兒可能模仿她，言詞變得鋒利和尖酸刻薄。兒子將處於抵禦狀態，害怕受批評，防範被征服。有時候專橫的人不僅是母親；姊妹和姑姨都有可能加入戰場，駕馭一個男孩。他變得羞怯，不願參加社會生活。他害怕全部女性都一樣挑剔和吹毛求疵，他希望避開異性。沒人喜歡被批評，但如果一個個體把逃避批評做為生命的主要目標，會影響他和社會的整個關係。他對每個事件的看法都相同：「是我征服人呢？還是我被人征服？」一個認為和別人的關係不是失敗就是獲勝的人，絕不可能有同伴精神。

父親的工作可以用幾個字概括如下：他必須證明自己是妻子、小孩和社會的好同伴。他必須妥善處理生命的三大議題：工作、友情和愛——而且他必須和妻子站在平等的立足點上合作，照顧和保護家人。他不應該忘記女性在家庭生活裡的角色，永遠不容看輕。他的工作不是廢除母親的地位，而是協助她的工作。他是家庭主要經濟支柱時，他要強調分享，這件事情尤其重要。他永遠都不應該給家人好像施予的角色一直都是他的印象，其他成員只能領受而已。在健全的婚姻裡，賺錢養家只不過是家庭分工的結果。許多父親以經濟狀況做為支配家人的手段。家庭裡不應該有統治者，每個可能創造不平等感的場合都應該避免。

每個父親都應該要了解，我們的文化過度強調男性的特權地位，結果在結婚後，妻子可能因此在某種程度上害怕被他支配，並處於較劣勢的地位。他應該知道，妻子絕不僅因為是個女性地位就較次等。我們暫且撇開妻子支持家庭財務這點不談，如果家庭生活是一宗真正的合作，便不會發生誰去賺錢，誰該擁有錢的爭執。

父親對他的孩子影響是如此深遠，所以有許多孩子把父親看成一生的榜樣或最大的敵人。處罰，特別是體罰，總對小孩有害。任何一種教誨若不具有友誼精神，就是錯誤的教誨。很不幸，我們經常發現，處罰小孩是父親責任的家庭個案。首先，在母親的部分顯示出一種論調說，女性實際上無法把小孩養育長大，她們脆弱，需要一雙強壯的手臂。假如母親告訴孩子說：「看看爸爸回家後你會怎樣！」她等於在教育孩子，男性是最後的權威和生命的真正力量。其次，它妨礙孩子與父親間的關係，讓他們害怕他，反而不能把他當好朋友。或許有些女性害怕，如果由她來處罰小孩，會失去孩子對她的愛；但解決辦法不是把處罰的工作交給父親。小孩並不因此減少抗拒母親，因為她幫自己找來父親這個幫手。許多女性依然用「我要告訴爸爸」的話來脅迫小孩服從。想想看，小孩將對男性的角色歸納出怎樣的結論呢？

父親若以有用的方式來解決生命的三大議題，他將成為家庭裡的整合角色，是一個好丈夫和好父親。他必須能輕鬆和人相處，能夠結交朋友。如果有交朋友，他便等於讓家庭成為較寬廣社會的一部分。他不會自我隔絕和思想保守。外在的影響自有方法進入家庭，而且他將顯示小孩對社會有興趣，也有意願合作。

然而，如果丈夫和妻子各自結交朋友，這就存在著危險。他們應該生活在同一個社會團體裡，並要避免分割友誼。當然這並不表示他們該死守著對方，從不獨自外出，我是說他們不應該製造妨礙倆人在一起的障礙。以丈夫不願意介紹妻子認識他的朋友為例，這就會引起上述的障礙。在此情況下，他的社會生活中心在家庭之外。在小孩的成長過程中，讓他們了解家庭是一個較大的單位，家庭以外也有值得他們信任的人，這些都是為人父母者非常重要的任務。

假如父親和自己的父母和兄弟姊妹關係良好，這更有助小孩發展合作能力。當然，他必須離開家庭自立，但這並不表示他不喜歡他的親人，和他們關係破裂。有時候男女會在依靠父母的情況下結婚，這時他們會誇大家庭的關係。當他們談到「家」時，他們指的是父母的那個家。如果他們繼續把父母當成家庭中心，就不能建立真正屬於他們的家庭。這裡便是大家所關切的合作能力問題。

有時候一個男性的父母會心生忌妒。他們想要知道兒子的全部生活，這經常給新家庭帶來困難。他的妻子感覺她未獲完全接納，她氣丈夫的父母干涉她的家庭。這個現象在男性違反父母意願，娶了一個父母不喜歡的妻子時尤其明顯。他的父母可能不對，也可能沒錯。如果他們不滿意，他們可以在兒子結婚前反對他的選擇，但在他成家後，他們只剩下一項責任——必須竭盡所能，協助兒子婚姻美滿成功。丈夫和妻子沒必要屈從父母的意願，但如果他們合作，而且妻子能夠感覺公公和婆婆是在為她的幸福設想，不是為維護自己的利益，一切就能容易解決得多。

每個人最期待父親負責的功能就是，解決工作問題。他必須有事業訓練，他必須能支持自己和家人。他的妻子可能給他幫助，之後或許子女亦會伸出援手，但在西方文化裡，經濟責任主要落在男性身上。這個問題若要解決，表示他必須工作和勇敢；必須了解工作，明白它的優缺點，而且他在工作上必須能夠和別人合作，獲得他們的尊重。

意義不僅於此。他面對工作問題的態度，為孩子樹立榜樣。因此他應該檢討，若要成功解決問題，他需要些什麼——做一個有益全體人類，並能為人類福祉貢獻的工作。他認為工作有益與否並不重要；重要的是，這個工作實際上應是有益的。我們不需要聆聽他的話。如果他工作時愛炫耀和自我中心，我們為他遺憾；但他的工作對人類福祉有貢獻，就未造成任何大傷害。

現在讓我們來探討解決愛這個問題的方法，就是建立婚姻和快樂、有用的家庭。生命對為人丈夫者的首要要求，是他應該對伴侶有興趣，而一個人對另一半有興趣與否，很容易便看得出來。如果對伴侶有興趣，他也會參與伴侶有興趣的事情，把維護她的幸福當成自己的目標。能證明他這個興趣的不光是愛情而已；有許多不同的感情都能做為明證。他也必須是妻子的好同伴，而且必須樂於取悅她。一對伴侶唯有把共同的幸福看得比個人幸福還重要，之間才能產生真正的合作關係。每一個伴侶對對方的興趣，必須大於對自己的。

一個丈夫不應該在孩子面前，過於公開他對妻子的愛。夫妻之愛的確無法與父母對孩子的愛相比。這兩種愛相當不同，是無法互相抵抗的。但如果父母過度公開表達彼此的愛，有時候小孩會感覺他們的地位受到威脅，會變得忌妒，希望在父母間從中作梗。

他們對性伴侶的態度不應該輕率。當父親給兒子，及媽媽給女兒解釋性時，應該小心不要主動提供資訊，只需解釋孩子隨著成長階段想要知道的事情即可。我相信在現代社會裡，我們提供小孩過多性資訊，而這些資訊遠超過他們的了解範圍。這會激起小孩尚未準備好的感覺和興趣。如此一來，性遭平庸化，變成微不足道的小事。這個潮流並不比以往父母在性方面對孩子絕口不提的老傳統為好。最好找出孩子希望知道哪些部分，回答孩子好奇的問題，別強迫灌輸孩子自以為是的常識。必須保有孩子對我們的信任，讓他們感覺我們在和他合作，有興趣協助他找出解決問題的方法。我們如果這麼做就不會錯得離譜。

金錢問題不應該被過度強調，不應該變成夫妻口角的主題。未工作賺錢的妻子對金錢敏感的程度，遠超過丈夫能了解的範圍。假若丈夫準備責罵她們揮霍過度，她們會感覺大受傷害。財務問題應該在家庭經濟範圍之內，以合作的方式來解決。妻子或小孩沒有理由要求父親承擔超過能力以外的花費；一開始他們就應該在花費方面取得共識，這樣在經濟上就沒人感覺自己依賴或嚴重受威脅。

一個父親不應該認為，光用錢就能保證小孩的未來。我曾經讀過一篇一個美國人寫的故事，很有趣，裡面描述一個出身貧寒的富翁，希望能保障後代免於窮困。他去請教律師該怎麼做。律師問他希望保障幾代子孫。富翁說他想要庇蔭十代。

「是的，你可以這樣做。」律師說：「但你明白第十代的每一個成員，有超過五百個和你一樣的祖先嗎？有其他五百個家庭能對他提出要求。他還算是你的後代嗎？」在這裡，我們可以看到另個例證，我們為子孫貢獻，等於對社會貢獻。我們逃離不了這層我們和其他人類的夥伴關係。

威權在家庭不是必要的，但一個家庭必須要有真正的合作。父母必須在小孩教育上通力合作。最重要的是，父母不應該特別偏愛某個小孩。父母寵愛某一小孩的危險絕不容小覷。每個不愉快和挫敗的童年，幾乎都是因為小孩感覺自己較不受父母寵愛而起。有時候我們根本看不出小孩有這種感覺，不過這種現象絕不應該在家庭裡發生。父母若重男輕女，女兒幾乎無可避免地會產生自卑情結。小孩是非常敏感的，即使是非常好的小孩，當他開始猜疑自己較不受父母疼愛時，整個生命方向就可能出現嚴重偏差。

有時候某個小孩較懂事，或較其他小孩可愛，所以父母很難不鍾愛這個小孩。父母應該具備足夠的經驗和技巧避免顯出偏愛。不然成長較佳的小孩，會變成家裡其他小孩的陰影；他們會忌妒，懷疑自己的能力，阻止發展合作的能力。父母光用嘴說沒有偏心還不足夠；他們必須隨時注意家裡小孩有否覺得父母偏心的心態。

第六章之三
注意與冷落

小孩很快就能成為找到方法惹父母注意的專家。以被寵壞的小孩為例，他們害怕的不是黑暗本身。他們用恐懼來讓媽媽更接近他們。有一個被寵壞的小孩經常在黑暗裡哭喊。有一晚，媽媽聽見他的哭喊到他的臥房裡，她問：「你為什麼害怕？」「因為房間好黑。」他說。但現在媽媽已經看出他的行為目的。「我進來以後，房間比較不黑嗎？」黑暗本身並不重要，怕黑只表示他不喜歡和媽媽分開。他所有的情緒、力量和精神，都專心在建立媽媽必須回到他身邊。他會努力哭泣，叫喊、睡不著或惹麻煩來讓媽媽過來。

害怕是一個吸引教育學家和心理學家注意的感覺。在個體心理學裡，我們不再關切害怕的成因是什麼，反而致力找出它有什麼目的。所有被寵壞的小孩都害怕：害怕是他們引人注意的方式，而且他們把這股情緒建入生活風格。它是達成接近媽媽這個目標的手段。一個膽怯的小孩就是一個曾經遭寵壞，並還想再度被溺愛的小孩。

有時候，這些被寵壞的小孩睡覺時會做惡夢和哭喊。這是一個廣為人知的徵兆，但只要我們認為睡夢是清醒的相反，就不能了解這個徵兆的意義。這是個誤解，睡夢不是清醒的相反，而是相同事情的不同面向。在夢裡，一個小孩的行為和他白天的舉動類似。他想改變狀況，讓狀況朝對他有利的目標影響身心，有了一些訓練和經驗後，他找到最能成功達成目標的方式。即使在睡夢裡，適合他目標的思想、影像和記憶進入心靈。一個被寵壞的小孩在有過幾次經驗後，發現了做惡夢能誘引媽媽再來接近的方法。即使在他們長大後，被寵壞的小孩仍做著焦慮的夢。在夢裡害怕，是他們為了獲得注意的有效裝置，並化為一種習慣。

這種使用焦慮感的現象是如此明顯和普遍，如果被寵壞的小孩晚上從不做惡夢，我們可真會大吃一驚。他們在晚上引人注意的演出戲碼有很多種，有些抱怨床單不舒服，有些喊著要喝水。其他有些害怕小偷或強盜，有些小孩非得父母坐在床邊才能睡著。還有些小孩做夢、掉下床或尿床。有一個我治療的被寵壞的小孩，晚上睡覺時一點也不會惹麻煩。她的媽媽說她睡得很沉，不會做夢或驚醒，一點也不惹麻煩，她只在白天才會惹麻煩。這出乎我的意料。我告訴媽媽，所有可能被小孩用來吸引媽媽的技倆；這個女孩一個也沒用。最後我找到解釋。

「她睡在哪？」我問這個媽媽。

「跟我一起睡。」她回答說。

生病經常是被寵壞小孩的慰藉，因為當生病時，他們就能夠獲得更多的注意和關愛。

這樣一個小孩，經常在病後開始顯現問題兒童的徵兆。一開始顯然是生病讓他變成問題兒童的。然而，事實是，他在病好後記得生病期間媽媽對他表現出的煩躁。其實媽媽早已把他寵得不能再寵，於是他開始變成問題兒童做為報復。有時候，小孩注意到別的小孩如何由於生病而成為媽媽的注意中心，他希望自己也生病，或他會親吻生病的小孩，希望他把疾病傳給自己。

有一個女孩住院已經四年，醫院裡的醫生和護士已經把她寵壞。一開始，她出院回家後父母也一樣寵她，但幾星期之後，他們對她的注意逐漸減少。要是父母拒絕她的要求，她就會把指頭放進嘴裡說：「我生病住過醫院啊。」她不停提醒別人她生過病，並且試圖重塑這個對她有利的狀況。我們亦可以在成人身上找到類似行為，這些人喜歡訴說他們的疾病或做過的手術。另一方面，一個曾經惹父母頭痛的小孩，經常在病後變成乖寶寶，不再惹父母的麻煩。我們了解生理缺陷對小孩是一項額外的負擔，但我們亦發現它可能導致小孩個性的偏差。因此，我們認為生理問題治癒與否，無關小孩個性的改變。

一個男孩，是家裡的老二，他惹了一大堆麻煩，包括撒謊、偷竊、逃學、殘酷無情和不聽話等等。老師不知道該怎麼處理這個學生，極力主張該送他去感化院。這時男孩生了病。他的臀骨結節，開刀後裹上石膏足足躺了六個月。復原後他變成家裡最乖的小孩。我們無法相信是這場病改變了他，不久之後清楚顯示，他會改變是因為明白自己以前錯了。以前他一直以為父母比較疼愛哥哥，一直感覺自己遭排斥。在他生病期間，他發現自己變成注意的中心，每個人都來照顧和幫助他，他夠聰明，能把過去錯誤的想法糾正過來。

第六章之四

兄弟姊妹間的平等

現在我們來到家庭合作的重要部分，小孩之間的合作。除非小孩感覺他們平等，不然人類的社會感永遠缺乏穩固基礎。除非女孩和男孩感覺彼此平等，不然兩性關係繼續問題不斷。

許多人問：「為何同一家小孩，差別如此之大？」有些科學家企圖以基因組成不同做解釋，但我們認為這純粹是迷信。讓我們拿小孩的成長和小樹做比較。一叢種在同一個地方的小樹，每一棵的生長情況的確明顯不同。如果有一棵長得比較快，那是因為它獲得較多的陽光和較肥沃的土壤，它的成長對其他的樹影響愈來愈大。它遮住它們；它的根延伸出去，吸走營養。其他樹因而長得矮小。家庭若有一個過度顯眼的成員，道理亦同。

我們已經了解在一個家庭裡，不論父親或母親都不應該有較突出的地位。假如父親非常成功或多才多藝，小孩經常感覺成就永遠比不上父親。他們長大會成為氣餒的一群，他們對生命的興趣減少。這也是名人子女有時候讓他們的父母和社會失望的原因。這些小孩感覺他們永遠不可能達成父母親的成就。因此，假如父母事業非常成功，他們永遠都不該讓這成功影響家庭太多，不然小孩的成長將會受到阻礙。

這層道理對小孩亦同。假如一個小孩發展特別良好，多半會收到最多的注意和疼愛。他高興這個情況，但其他小孩則不然，他們會感受憤慨。一個和他人相比後感覺自尊較低的人，不可能全無怨言或一味忍受。家裡若有一個小孩的地位較顯著，可能對其他的小孩造成傷害，若說其他的小孩長大後缺乏鬥志，這種說法一點也不過分。他們不停尋找自我的優越，這個努力永遠不會停息。不過，他們優越的目標方向會改變，可能變得不實際或對社會較無用處。

第六章之五

家庭星座

個體心理學開啟極大範圍的研究工作，我們訪問在家裡排行不同的小孩，針對他們所處狀況的優缺點進行調查。為了以最簡單形式來思考這個議題，讓我們假設父母都能充分合作，並盡力養育小孩。在家庭裡，每一個小孩的排行依然對小孩本身產生極大影響，每個小孩也因此在完全不同的情況下成長。我們必須重申，一個家庭裡的兩個小孩，他們個別的情況永遠不會相同，每一個小孩的生活風格，將反映出他如何適應本身的個別狀況。

☼ 老大

每一個排行老大的小孩，都經歷過他是家中唯一小孩的階段，之後突然間他必須適應家裡另有新小孩的新狀況。家裡的第一個小孩一般都獲得相當多的注意和寵愛。他習慣成為家庭的中心。他會發現自己的地位突然間被別人取代。有另一個小孩出生，他不再是家裡唯一的小孩，但現在他必須和對方分享父母的注意力，如此的改變常導致巨大影響，進而造成許多問題兒童、神經症者、罪犯、酒鬼和性變態。他們是家裡最大的孩子，另一個小孩的出生對他們造成巨大衝擊，從此以後被剝奪感注入他們的生活風格裡。

新來的小孩（老二），稍後也可能失去地位（有第三個小孩出生），不過他們的感覺或許不像老大那麼強烈。他們已經有和另一個小孩合作的經驗；他們從未是唯一獲得照料和注意的個體。對老大而言，有新小孩出生完全改變他的處境。如果他心懷忌妒，我們不能怪他。當然，如果父母讓他感覺對他的愛不會減少；如果他知道他的地位很安全，最重要的是，如果有做好心理準備等待新小孩的到來，及接受過幫忙照顧新小孩的合作訓練，危機終會安然解除。不過總體上他尚未準備好。新小孩的確取走他原有的注意、愛和讚美。有時候，我們會看見媽媽被兩個小孩東扯西拉，每一個小孩都想擁有她多一點。

老大力量比較大，比較能想出新技倆。我們能夠想像，他在這種狀況下將怎麼做。如果我們和他的目標完全相同，我們想做的事就和他會做的一樣。我們會試著讓母親擔心，和她對抗，讓她不得不注意我們。他也一樣。最後，他耗掉母親對他的每一分耐性。他竭盡所能，打一場必輸的仗。媽媽厭倦了他不斷惹的麻煩，如今，他開始知道不再被愛是怎麼樣的感覺。他抗爭，為了取得媽媽的愛，但結果卻失去這個愛。他覺得他是被逼的，但其實一切是自找的。他感覺自己的想法獲得證實。「我就知道會這樣。」他說。媽媽不對，他沒錯。他彷彿在陷阱裡，越是掙扎，情況越是糟糕。他以前的看法獲得確認。在所有的本能告訴他沒錯的情況下，如何放棄抗爭呢？

對於這類抗爭的個案，我們必須探討個體的個別狀況。如果母親對抗，小孩會變得脾氣暴躁、不聽話、愛挑剔和不服從。當他和母親對立時，父親經常提供他恢復原先有利狀況的機會。他轉而較親近父親，試圖贏得注意和愛。排行老大的小孩，經常較喜歡接近父親。我們可以肯定，一個小孩若比較喜歡父親是一種引伸。一開始他依戀母親，後來她不再愛他，所以他藉由親近父親來譴責她。當一個小孩比較喜歡父親，我們便知道他之前有過挫折；他感覺被拒和被冷落；他忘不了這個感覺，於是他的生活風格便依這股被排斥感建立。

這類抗爭持續很長時間，有時候甚至終其一生。小孩訓練自己抗爭和堅持，繼續反抗各種狀況。或許沒人讓他有興趣，所以他失去希望，想像他無法贏得任何人的愛。他變得易怒、愛鬧彆扭、羞怯和不能與人為伍。這個小孩訓練孤立自己。這個小孩一舉一動都是為了回到從前，到以前他是眾人注意中心的美好時光裡。

由於這個原因，一般排行老大的小孩都眷戀從前。他們喜歡回想過去和細說從前。他們懷念過去，對未來悲觀。有時候一個失去過力量，喪失過小小王國的小孩，比其他小孩更明白力量和權威的重要。長大後他喜歡爭權，把規矩和法則看得過於重要。每件事情應該照規矩來做，規矩絕不容改變。權力應該留在少數幾個應得的人手裡。我們能了解這類童年經驗，可能讓一個小孩長大後變成保守分子。如果這個人為自己建立良好地位，他常常懷疑有人會偷偷來搶奪他的地位。

排行老大的小孩狀況特殊，但這個狀況可以轉為有利。假如第一個小孩在新小孩出生前已接受良好的合作訓練，他就不會感覺受傷害。在這些排行老大的小孩裡，我們發現，他們有些希望能保護和協助別人。他們模仿自己的父親或母親；和較年幼小孩在一起時，經常扮演爸爸或媽媽的角色，照顧他們、教導他們，覺得要為他們的幸福負責。有時候他們因此發展出絕佳的組織能力。這些個案最讓人欣慰，雖然還是有許多個案為保有依賴和支配別人的慾望，對新小孩過分排斥。

根據我個人在歐美兩地的經驗，我發現絕大多數的問題兒童都是排行老大，下面有一個年齡相近的弟妹。這個現象很有趣，不過目前我們尚未發現有任何教育方法，能夠成功為老大解決困難。

☼ 老二

排行老二的小孩處於不同的形勢，完全不能和其他排行的小孩相比。自出生開始，他就和另一個小孩分享父母的注意，所以他比老大更能合作。圍繞他的社會圈子比較大，只要排行老大的小孩不與他敵對，也不排擠他，他就在非常良好的位置上。然而，他所處的位置存在著最重要的事實，他整個童年都有一個前導（哥哥或姊姊）。在年齡和發展上總有一個小孩在他前面，不停刺激他趕上。典型排行老二的小孩很容易辨認：總像在參加一場比賽，好像有人超前他一兩步，他必須加快速度超越。他無時無刻在全力衝刺，不停訓練自己超越哥哥或姊姊。

聖經裡面有許多絕妙的心理學洞察，約伯這一篇故事詳細描繪出排行老二的典型。他想要爭第一，取代哥哥伊紹的位置，打敗伊紹凌駕他。排行第二的小孩為落後於人的感覺生氣，總努力想要取而代之。他經常獲勝。老二通常比較聰明，比老大成功。在這裡我們不能說這和遺傳有關。如果他的發展超前老大，那是他努力爭取的結果。即使他長大離開家庭圈，也經常找一個對象比賽；他會拿一個較自己優勢的人做比較，然後試圖搶先。

這些特性不只在清醒的生活裡出現，也很容易在夢裡找到。排行老大的小孩經常夢見自己墜下，他們人在頂端，但不確定能否維持住自己的優越。另一方面，排行老二的小孩經常夢見自己在賽跑，在夢裡他們可能在追趕火車或腳踏車比賽。有時候這些忙碌，充滿速度感的夢非常明顯，因此我們能夠輕易判斷，做這些夢的人在家排行老二。

然而，我們必須說，這一切沒有嚴格的規則可循。即使排行不是老大的小孩，也可能表現出類似老大小孩的特性。依出生順序來判斷不一定準確，實際情況才算數。在一個大家庭裡，有時候後面出生的小孩，情況可能和第一個小孩差不多。或許是前兩個小孩年齡相近，隔了許久第三個小孩誕生，然後後面陸續有兩個小孩出生。這第三個小孩可能顯露出和老大一模一樣的特徵。第二個小孩也一樣；「第二個小孩」的典型，可能在其他四或五個小孩後出現。當老大和老二年齡相近，年紀比家裡其他小孩大很多時，他們排行老大和老二的特徵就會顯現出來。

有時候老大在比賽裡被老二打敗；這時老大的發展就會出現問題。有時候他能保有自己的地位，把老二丟在後頭；那麼惹麻煩的小孩會是老二。當一個男孩排行老大，老二是個妹妹時，他的情況就變得非常艱難，有被女生打敗的危險，而在我們的社會裡，他可能認為這是件很丟臉的事情，一個男生對一個女生的競爭，較兩個男生和兩個女生的對抗還激烈、緊張。

在這場比賽裡，女生佔有先天優勢，在十六歲前生理和精神發展都比男生快。經常發生的情況是，較年長的男孩放棄比賽，人變得懶散和沮喪。他為尋求優越感使用不正當的手段，比如吹牛或撒謊。我們幾乎可以保證，在這種情況下女孩一定會獲勝。我們會看見這個男孩採取各種錯誤的步驟，而女孩則輕易解決問題，並且取得驚人進展。這類困難能夠避免，但必須事先辨識出這個危險，採取防範措施防止傷害形成。只要家庭裡人人平等，成員充分合作，小孩就沒必要競爭，不會有小孩感覺地位受威脅，需要抗爭，這樣就能避免不好的後果。

☼ 老么

一個家庭其他排行的小孩都有弟弟或妹妹，他們的地位可能遭取代，除了老么以外。老么的地位永不可能遭取代。他沒有弟妹，但有許多前導（哥哥或姊姊）。他總是家裡的寶貝，可能也是最受寵愛的小孩。他面對所有被寵壞小孩的問題，但因為他受許多的刺激，有許多競爭，排行老么的小孩通常發展特別良好，進展比其他小孩為快，並且遠遠超前。由古到今家庭裡年紀最小的小孩，地位未曾改變。我們可以在最古老的傳說裡，找到最年幼的小孩如何凌駕哥哥和姊姊的故事。

聖經裡總是老么獲勝。喬塞夫被當成家裡最年幼的小孩養育。雖然十七年後班哲明這個弟弟出生了，但他並未影響喬塞夫的發展。喬塞夫的生活風格正是老么小孩的典型。他總是顯得優越，即使在夢裡也一樣。其他人在他面前必須俯首屈服；他使得他們全部相形見絀。他的兄弟非常了解他的夢，對他們而言這一點也不難，因為只要和喬塞夫在一起，他的態度已經足夠清楚說明。他們也經歷過喬塞夫在夢裡所激起的感覺，很怕他，想擺脫掉他。然而，喬塞夫這個最後的小孩卻爭得第一。後來他成為整個家庭的支柱。

最年幼的小孩經常成為整個家庭的支柱，這絕不令人意外。這種現象廣為人知，我們還有許多有關老么有權力和力量的故事。其實，他處在一個有利的情況裡：有父母和兄姊的協助，許多東西刺激出他的野心和努力，沒有弟妹攻擊或分散他的注意力。

然而，如同我們了解的，老么佔問題兒童的第二位。原因是他們遭整個家庭寵壞。一個被寵壞的小孩永遠不能獨立。他缺乏勇氣靠自我努力取得成功。老么總是很有野心，但大部分有野心的小孩都很懶惰。懶惰是野心結合挫敗的徵兆：野心過於強烈，個體會感覺他沒有希望實現野心。有時候老么絕不承認自己有任何野心，這是因為他想事事求勝，他希望自己不受限制和獨一無二。然而，週遭的每一個人都比他年長、強壯和有經驗，這清楚顯示排行老么的小孩可能深受自卑感所苦。

☼獨生子（女）

獨生子（女）有他特別的問題。他有一個對手，但他的對手不是兄弟姊妹。對手是自己的父親。一個母親會溺愛獨生子（女）。她害怕失去孩子，想要把他放在羽翼下嚴密保護。他發展出一種所謂的「母親情結」；他被綁在媽媽的圍裙帶邊，希望把爸爸逐出家外。這個情況只有父母合作，讓小孩對他們兩人都有興趣才能避免；但大多數情形是，父親對小孩的工作沒母親多。老大的情況偶爾和獨生子（女）類似：他們想超過父親，而且樂於和較年長的人為伍。

獨生子（女）極度害怕弟弟或妹妹出生。家裡的友人說：「你應該要有個弟弟或妹妹。」但他非常排斥這個主意。他想保有自己是父母注意中心的地位。實際上他感覺這是他的權利，假如地位改變，他會感覺極度難受。之後當不再是注意中心時，他會出現許多困難。如果在一個父母膽怯的環境下長大，也可能讓他的發展陷入險境。假如他的父母是因為生理問題，無法生下更多小孩，這個小孩一定會出現問題，需要我們協助。我們經常發現，有獨生子（女）的父母可以生育更多小孩的個案。父母往往羞怯和悲觀，因為他們感覺經濟能力只能養一個小孩。整個家庭充滿焦慮氣氛，小孩因而受到嚴重傷害。

如果家庭每個孩子年齡相差很大，他們都會出現一些獨生子（女）的特徵。這種情況不是非常有利。我經常被問到：「你認為小孩的年齡差幾歲最理想？」「小孩的年齡間隔應該短一點或長一點呢？」根據我的經驗，我應該說最好相差三歲。小孩到了三歲，若有弟妹出生已能夠合作。他已經夠大，能了解家裡不僅只有他一個小孩。如果他只有一歲半或兩歲，我們根本無法和他討論；他根本聽不懂。因此，即使我們再怎麼努力，他都無法準備好迎接新弟妹的到來。

家裡雖有其他女孩，但只有一個兒子的男孩前路艱辛。如果父親白天大部分不在家，他就完全身處在女性環境裡。他只見到媽媽、姊妹，或許還有家裡的女傭。他感覺到自己的不同，在隔絕的環境下成長，這尤其會在女生團結起來對抗他的情況下發生。她們認為必須干預他的成長，或她們想要證明他沒有理由自我欺騙。整個家庭瀰漫敵對和競爭的氣氛。如果他排行中間，他可能處於最惡劣的處境——同時受到兩個陣營的攻訐。假如他是老大，他下面一個妹妹是他的強勁對手。如果他是老么，他會被大家寵壞。

這種男孩情勢不討好，但如果他們社交生活活躍，能夠有其他小孩玩伴，問題就能獲得解決。不然完全被女性圍繞的人，行為可能變得娘娘腔。一個女性環境不同於兩性混合的環境。如果這個家不僅標準，而是根據成員的品味裝扮和擺設的話，你可以確定，女性住的家一定會整齊和乾淨，裝潢顏色經過精心挑選，各種保養功夫到家。如果這個家有個男人和幾個男孩，它幾乎乾淨不了；一定會出現髒亂，吵雜和破損的家具。一個單獨在女性環境長大的男孩，品味和舉止易傾向女性化。

另一方面，他可能強烈反抗這個氣氛，過度展現他的男子氣概。他總處於反抗狀態，堅決不受女性支配。他會感覺必須主張個體性和優越性，但某些壓力和緊張無時不在。他的發展會趨於極端。若不是變得非常強悍，就是變得異常脆弱。類似道理，一個在男孩群中長大的女孩，要不是極度女性化，就是非常男性化。她在一生裡經常感覺不安全感和無助感。這個狀況值得我們研究和探討。我們不是每天都會遇到這種個案，礙於手上的資訊不足，我們必須研討更多個案。

每次我研究成人個案時，我發現他們在童年期留下的印象永不消退。小孩在家庭的排行，給個體的生活風格烙下永不磨滅的印記。小孩發展的每一個困難，因家庭缺乏合作或充滿競爭而起。如果環顧我們的社會生活，或其實是整個世界，自問為何裡面充滿敵對和競爭，那麼我們必須認清，目標為追求獲勝、征服和凌駕別人的人比比皆是。這個目標是早期童年的經驗，是小孩在家庭裡感覺不到平等，必須努力敵對和競爭的結果。唯有訓練小孩合作，才能排除這些困難。

WHAT LIFE COULD MEAN TO YOU

【第七章】

學校的影響

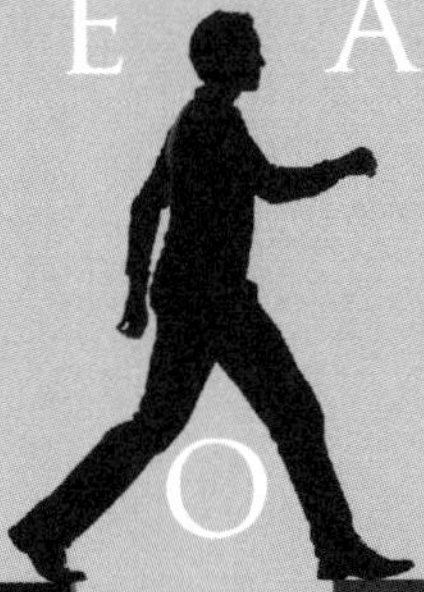

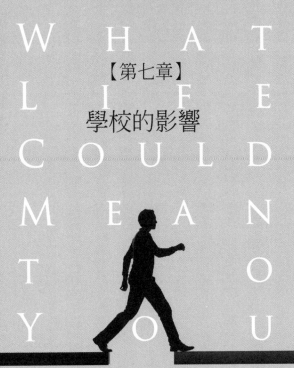

第七章之一

教育面貌的變遷

學校是家庭的延伸。如果所有父母能夠擔任教育小孩的工作，授與他們適當能力解決人生的問題，那麼就沒有學校的必要。以往小孩經常在家接受教育和訓練。一個工匠以工藝把兒子撫養長大，並把他由父親那裡和實際經驗學習得來的技藝，傳授給兒子。不過，現今文化對我們的要求更趨複雜，需要學校減輕父母的工作量。由於社會的整合，年輕人需要接受家庭教育以外更高層次的教育。

在歐洲的教育歷史裡，一開始只有王公貴族接受正式教育。他們是當時社會唯一的成員，獨享權高位重的尊貴地位：其他階層只能期待做好自己的工作，階級不可能獲得晉級。後來，由於社會擴大，其他階層開始有自己的價值。宗教團體接管教育工作，極少數獲選平民能夠獲得神學、藝術、科學或專職訓練等教育。

隨著技術發展，老式教育變得不合時宜。以往鄉鎮裡的男教員，經常由當地的補鞋匠和裁縫師權充。他們知識有限，因此不難想像教育效果多惡劣。只有教會學校和大學教授藝術和科學，有時候甚至連為人帝王者亦不識字。然而，由於工業革命，工人懂得寫字和閱讀，做算數和畫圖變得必要，就我們所知，學校的雛形於是形成。

不過，這些學校總依據政府的需要建立，而當時的政府需要低層平民接受服從教育，為上層階級創造利益，及成為軍人上場殺敵的訓練，於是學校奠立出教育課程。我個人還能記得，有一次到奧地利訪問時，看到這部分傳統依然延續至今；較低層階級所接受的訓練，是設計來讓他們服從和符合所屬階層的工作。不過，這類模式的教育逐漸式微。自由綻放異彩：工作階級要求受教育的聲音越發強烈。學校雛形順應這些要求，如今我們已抵達理想的教育境界，孩子獲教導要自行思考，應該熟習文學和科學，及長大後應該分享整個人類文化，並做個有用的人，為文化貢獻。我們不再希望只教導小孩謀生技能，或如何在工廠工作。我們要為人類共同福祉一起合作。

第七章之二

老師的角色

無論我們知道與否，每一個倡導學校教育改革的人，都是在尋求能夠提昇小孩在社會生活裡合作的方式。這個訴求背後的目的是人格訓練，假如我們朝此方向了解，這項訴求的正當性就變得明顯。然而，總體來說，教育的目的和技術尚未被了解透澈。我們必須不只訓練小孩謀生技能，還要協助小孩建立出造福人類。老師必須意識到這項工作的重要性，並且受良好訓練，以滿足這項工作需要。

☼ 人格訓練的重要性

人格訓練的實施效果仍在測試階段。法制並不足信，因為它的立意不在對人格訓練進行認真和有組織的矯正。然而，學校的效果也不令人滿意。在家裡行為已出現偏差的小孩來到學校，無論師長怎麼說教和訓誡，他們依然犯下相同的錯誤。因此，我們唯一能做的就是改善師資訓練，讓為人師表者了解身負協助小孩人格發展的重任。

我為學校進行了不少工作，我相信維也納有許多學校走在世界教育潮流的尖端，堪為其他學校的借鏡。一般學校有精神病專家輔導小孩，給小孩教養提供建議，但如果老師不贊同他們的意見，或不懂得如何配合，他們又有何用處呢？精神病學家一週只接見小孩一或兩次，甚至或許一週一次，他並不實際了解環境、家庭，及家庭以外和學校對小孩有何影響。他寫下一張便條說，小孩應該受較好的教養，或應該做甲狀腺治療。或許他暗示老師該給小孩特別管教。然而，老師不明白精神病專家為何要給小孩做特別管教的原因。精神病專家和老師需要緊密合作。老師必須了解精神病專家的整個想法，在討論小孩的問題後，他才能夠不需額外協助就能進行工作。如果有意外發生，他應該了解要怎麼處理，就和精神專家會告訴他的處理方法一樣。最實際的措施莫過於像我們在維也納的學校一樣，成立心理諮詢部門。我將在本章最後詳述這項措施。

當小孩初上學時，他便面對社會生活新考驗，一項足以顯露他在發展上有何缺陷的考驗。如今他必須在一個比以前更廣大的社會和人合作。假如他在家裡被寵壞，他可能不願意離開受保護的生活，加入其他小孩。因此，我們能夠由他第一天上學表現，看出被寵壞小孩的侷限社會感。

他可能哭喊著要回家；對學校功課或老師了無興趣，不會聽取師長的教誨，因為他只一心想著自己。如果他繼續下去，我們很容易看到他在學校缺乏良好進展。我們常聽見問題兒童的父母說，他們的孩子在家裡很乖巧，在學校才惹麻煩。不過，我們可以猜測，這個小孩感覺在家裡情況才能對他有利。家裡沒有考試，發展上的錯誤也不明顯。然而，在學校他不再受寵，學校讓他感覺挫敗。

有一個小孩，他從第一天上學開始除了嘲笑老師說的每一件事情外，什麼都不做。他對學校功課全無興趣，老師心想他一定是智障。和他見面時我問說：「每個人都在納悶，你在學校裡為何嘲笑個不停。」

他回答說：「學校只是父母製造的笑話。他們把小孩送來學校愚弄。」

他在家裡時常遭受嘲弄，這讓他深信，每一個新狀況都不過是針對他的笑話。我和他解釋，他過度保護自尊，不是每個人都想要愚弄他。結果，他開始對學校功課有了興趣，並取得良好進展。

☼ 師生關係

老師的工作是察覺出小孩的困難，並改正父母的錯誤。他們會發現，有些學生接受這個較廣大的社會生活；這些小孩在家裡已經獲得對別人有興趣的訓練。有些小孩尚未準備好，當一個個體未準備好面對問題時，他會遲疑或逃避。每一個進步都很緩慢，但實際上不是智障的小孩都在和調適社會生活作戰，這時老師是協助他滿足新狀況的最佳人選。

但老師如何幫助他呢？他必須做母親應該做的工作，和小孩結合，取得他的注意。小孩的整個未來取決於他首先獲得的興趣。嚴酷的管教或處罰是做不好這個工作的。假如小孩來到學校，發現難以和老師和同學相處，這時批評和責罵是最不恰當的做法。這個做法只會確認他不喜歡學校的想法沒錯。換做我常在學校遭斥責的話，我對老師也會愈來愈沒興趣。會找方法逃脫這個狀況，甚至不去上學。

在校成績差勁，顯得愚笨或難以管教的小孩，大部分都感覺學校是一個專制的不愉快環境。其實他們不笨；他們經常找得到好藉口不上學，或假造父母給老師的信件，這顯示他們其實非常聰明。他們在校外結識其他曠課和遊蕩的小孩。他們由這些夥伴獲得更多的讚美和激賞。他們覺得更能和這個圈子結合，他們感覺有價值的學習經驗不是來自學校，而是來自黨派。在此情況下，我們可以了解表現不獲學校接納，在學校感覺不到平等的小孩如何逐漸開始犯罪的生涯。

第七章之三 誘激小孩學習的興趣

如果老師的責任是在吸引小孩的興趣，他必須找出小孩之前有何興趣，讓小孩相信他能在這些興趣上取得成功。當小孩對一個興趣或科目有自信時，誘激他對其他科目產生興趣就容易得多。因此，一開始我們應該找出小孩對世界有何看法，他哪一個感官最常使用和受到最高度的訓練。有些小孩對觀看最有興趣，有些則較喜歡聆聽或動作。視覺型小孩比較容易對使用眼睛的課程有興趣，比如地理課或畫圖課。如果老師演說，他們不會有興趣聽，他們較不習慣於聽覺性的注意。如果這種小孩沒有機會透過眼睛學習，他們就會進步緩慢。他們可能被誤認為缺乏能力或天賦，歸咎於這是他們先天的遺傳。

如果真有人要為教育失敗負責，這些人就是，未找到正確方式引出小孩興趣的老師和父母。我並不建議教育應該提早激勵小孩在某項專業上發展，但小孩已發展出來的興趣，應該被用來誘激他們對其他方面的興趣。如今，有些學校給予小孩發展各種感官教育。比如雕塑和畫圖與傳統教學結合，我們該更進一步倡導和發展這個潮流。最佳的教育方式是生活化教學，如此一來小孩就能夠了解課程的目的，及所學習知識的實際價值。我們經常教導小孩吸收知識或教他們自行思考問題。對我而言，我不認為我們該由這兩者擇其一，這兩種方法能夠結合。舉例而言，以蓋房子來教小孩數學，讓他們自行計算蓋這間房子需要多少木材，這棟房子可容納多少人住等問題，教學效果會更顯著。

有些科目很容易合併教學，許多老師懂得把生活各個層面串聯在一起。舉例而言，老師可以一邊帶小孩外出散步，一邊找出他們最有興趣的地方。在此同時，他可以教導小孩認識植物名稱，它們的構造，生長情形和用途，還有氣候對它們的影響、地形的特色、人類的農業歷史等等，其實他能傳授小孩生活任何層面的知識。當然，我們必須預設這個老師喜歡他的學生，如果他對這群小孩興趣缺缺，我們就不能期待他會給小孩任何教育。

第七章之四

課堂內的合作與競爭

在當前體制下，我們發現小孩從第一天上學開始，競爭的能力便勝過合作，而且他們在學校裡持續受到比賽的訓練。對小孩而言是一場災難，無論他打敗別的小孩獲勝，或被別的小孩打敗，都是災難。不管勝負，他都只會先對自己有興趣。他最原始的目標將不會是貢獻和協助，而是先保障他能夠獲得。家庭是一個合作的單位，每個成員平等，在學校課堂也應該如此。若小孩以此方式受訓練，他們會真正對其他小孩有興趣，並且樂於合作。

我看過許多「問題」小孩，對同學產生興趣和同學合作後，態度完全改變。在此我順道一提一個小孩的個案。他來自一個他以為家人都和他作對的家庭，以為學校裡的每個人也一樣敵視他。他在學校的成績一直很差，父母得知這個消息後把他處罰一頓。這種情形太常發生了：一個學習成績不佳的小孩在學校遭責罵；回家後交出成績單又遭父母處罰。這個經驗已足夠讓他氣餒；雙重懲罰太殘酷無情。難怪小孩進步遲鈍，在課堂上調皮搗蛋。最後他發現有一個老師了解他的狀況，和其他同學解釋，這個男孩為何會把每一個人當敵人的原因。他要其他小孩幫助他，讓他相信他們是他的朋友，之後這個男孩在成績和行為上的進步，好得令人難以置信。

有些人懷疑，是否真能訓練小孩相互了解與合作，根據我的經驗，小孩比大人更了解這些事情。曾經有一個媽媽帶著她兩歲的女兒和三歲的兒子，到辦公室找我。小女孩爬到桌子上頭，媽媽嚇獃了，嚇得一動也不動，嘴裡喊著：「下來！下來！」小女孩根本不理會。三歲的哥哥說：「妳就留在那裡吧！」小女孩立即爬下來，毫髮無傷。這個小男孩比媽媽更了解妹妹，他知道怎麼做最好。

有關協助小孩在課堂內發展和諧與合作的能力，我們最常聽到的一個建議是，讓小孩學習自治，但這種事情我們必須小心在老師的指導下進行，而且要確定小孩已經妥當準備好。否則將發現小孩對自治的態度不認真：他們把它當成遊戲。結果他們比老師還嚴厲，或他們利用開會來取得個人利益，傳送怨言、打倒對方，或達成優越的地位。因此，一開始老師的監督和建議非常重要。

第七章之五

評估小孩的發展

如果我們要了解小孩在智力發展，及人格和社會行為的標準，就要給小孩做測驗。其實有時候如智力測驗，能解救一個小孩。以一個學業成績糟糕透頂的男孩為例，老師想要把他留級。但他做智力測驗，結果顯示智力實際上足夠跳級。然而，我們必須明白，我們永遠預測不了一個小孩的未來發展。智商只應該用來輔助找出小孩的困難，並讓我們找出方式幫小孩克服困難。根據我的經驗，只要小孩的智商未顯出弱智或智障，只要找到正確方式，小孩的學業成績都能改善。我發現小孩若經常玩智力測驗，就能逐漸熟悉遊戲規則，懂得如何正確解答，他們的智商亦隨著提高。最重要的是，智商不該被當成某種限制，是命運注定或先天遺傳的，進而限制小孩未來可能的成就和發展。

我們也不應該讓小孩或父母知道他的智商高低。他們不了解做測驗的目的，可能以為智商報告代表最後的審判。教育最大的問題不是小孩先天有限制，而是小孩給他自己設限。假如一個小孩知道他的智商低，他可能失去希望並相信自己不可能成功。我們應該致力教育小孩增加自信心、興趣，去除他自以為是的自我設限。

學校成績評估道理亦同。老師給小孩不好的成績評估，用意可能是刺激他更努力。不過，如果小孩家風嚴厲，他會害怕把成績單帶回家。他可能不敢回家或塗改成績單。有些小孩甚至因此自殺。因此，為人師表者，在評估前必須事先顧慮可能的後果。他們無須為小孩的家庭生活和家庭對他的影響負責，但他們必須顧及每個小孩的狀況。

如果父母要求很高，看過小孩的壞報告後或許勃然大怒，責罵小孩。但如果老師慈愛和寬容一點，這個小孩可能獲得激勵，進而努力向前，取得成功。當一個小孩總拿到壞成績，其他人都以為他是全班最差的學生時，他可能自暴自棄，相信他自己最差。有了這種想法後，他更會每況愈下。不過，即使最差的學生都能夠改變，有許多案例足以證明一個在學校進步遲鈍的小孩，只要恢復自信心和興趣，就能取得優秀的成就。

我們注意到一件事情很有趣，小孩一般不需看學校成績就能幫另一個小孩的能力做出正確評斷。他們知道誰在算術、拼字、畫圖和遊戲的能力最強，而且還可以依先後順序點名。不過，小孩最常見的共同錯誤是，他們相信自己永不可能進步。只要別人成績好過自己，他們就相信永遠不可能趕上。假如一個小孩這種態度極度堅定，可能終其一生抱持這種想法。即使長大後依然會拿自己的成就和別人相比，並且深信他永遠落後。

大部分小孩無論上哪一個年級，考試名次大致相同。他們總是排前幾名，一向排中間或永遠在後。我們不能拿這件事做為判斷他們天資高低的標準。這顯示他們的自我設限，及樂觀的程度和活動的範圍。一個小孩戲劇性由最後幾名開始取得驚人進步的現象不是不常見。小孩應該了解他們的自我設限是個錯誤，老師和學生都應該排除小孩的進步和他遺傳有關的迷思。

第七章之六

天分VS.後天培養

在所有的教育錯失裡，就屬相信小孩的發展受遺傳限制這個錯誤最嚴重。這讓老師和父母有藉口掩飾過錯，鬆懈小孩的教育，及輕易推卸對小孩影響的責任。父母和老師不應該逃避責任。如果教育者真把小孩人格和智能的整個發展推給遺傳，我不知道他如何能夠做好教育工作。另一方面，假如他明白自己的態度和努力影響小孩，就不能逃避責任。

我在這裡指的不是生理遺傳。生理缺陷的遺傳無庸置疑。我相信這類遺傳問題對心靈發展的重要性，只有個體心理學了解。小孩意識到他的生理缺陷，根據這項缺陷的判斷為自己的發展設限。影響心靈的不是缺陷本身，而是小孩對他的缺陷所抱持的態度。所以，讓一個有生理缺陷的小孩明白，他的智能或人格並不因此有所短缺就特別重要。我們在先前介紹過，一個生理有缺陷的小孩可能為彌補缺陷而更努力，並比正常小孩獲得更大成就，或他可能只把缺陷視為限制發展的障礙。

當我首度提出這個想法時，許多人說我不科學，純屬我個人的信念不足採信。然而，這是我根據個人經驗歸納出來的結論，能夠證實我這項結論的證據亦不斷增加。如今，許多精神病學家和心理學家亦持相同看法，或許可以把人格遺傳這個信念稱之為迷信。當然這是一個存在了數千年的迷信。當人希望逃避責任，對人的行為看法錯誤，人格遺傳的理論就應運而生。它最簡單的型式是相信小孩在出生時好壞便已注定。資料顯示這純粹是無稽之談，它只在人有強烈欲望想逃避責任時，才能成立。

「好」和「壞」就和人格的其他表徵一樣，只有在社會背景裡才有意義；它們是在社會環境，與人類同伴裡所受訓練的結果，它們是對一個人的行為「有益於他人福祉」，或「有害於他人福祉」的評斷。一個小孩出生前尚未進入社會環境，出生後才有可能往其中一個方向發展。他會選擇追隨哪一條道路，取決於環境和身體所接收的印象和感覺，及他對這些印象和感覺的詮釋。最重要的是，全看他受到怎樣的教育。

智能的遺傳亦同，雖然這方面的資料或許較不充足。影響智能發展最強烈的因素是「興趣」，而我們已經了解興趣如何受氣餒與害怕挫敗阻礙，和遺傳無關。大腦架構受遺傳影響無庸置疑，但腦只是工具，不是心靈的源頭，只要挫敗不是大得讓我們無法以現有知識克服，就能夠訓練大腦予以彌補。我們會發現超能力背後靠的不是天賦異秉的遺傳，而是持續保持興趣和訓練。

雖然我們發現，有些家族不只一代出現許多異才貢獻社會，我們也不需假設這是遺傳使然。或許反而可以說，家庭裡一個成員的成功刺激其他成員跟進，家庭的傳統和期許促使小孩跟隨他們的興趣，及藉由練習來自我訓練。因此，當我們知道偉大的化學家萊比格（Liebig）是藥房主的兒子時，我們無須假設他的化學才華來白遺傳。只要進一步調查，我們會發現是環境讓他得以追求興趣，在其他小孩對化學尚一無所知時，環境讓他早已浸淫在他有興趣的化學領域裡。

莫札特的父母喜歡音樂，但莫札特的音樂才華不是出自遺傳。他的父母希望他喜歡音樂，在音樂方面對他鼓勵有加。他從小生長在充滿音樂的環境裡。大體上，在傑出人士的身上都能看到這種「早期出發」的事實：他們四歲開始彈鋼琴，或他們很小就幫家庭成員寫故事。他們長久和持續有興趣，而且對自己的興趣未喪失勇氣，也未遲疑或退卻。

一個老師若深信小孩受遺傳限制，永遠不可能協助小孩排除他的自我設限。

他若對小孩說：「你就是沒數學天分。」他的工作就能輕鬆許多，但這只會讓小孩氣餒。有幾年我曾經是班上數學最差的學生，當時我相信自己沒數學天分。幸好有一天我意外地發現，我竟能解開一道連數學老師也束手無策的難題。這個出乎意料的成功，改變了我對數學的態度。以前我對數學了無興趣，現在開始喜歡上它，並且利用每一個機會改善數學能力。結果，我變成學校的數學資優生之一。我想這回經驗協助我了解，所謂天賦或與生俱來的理論是錯誤的。

第七章之七

辨別個性類型

接受過了解小孩訓練的人，很容易分辨出小孩個性和生活風格的差異。一個小孩合作的程度可由他的姿勢、看和聽的方式、和其他小孩保持的距離、結交朋友的容易度，及他專心的能力裡觀察出來。如果他忘記做功課或丟掉書本，我們可以明白他對功課沒興趣。我們必須找出他為何不喜歡學校的原因。如果他未加入其他小孩的遊戲，我們可以知道他有疏離感。如果他總是要別人協助做功課，我們能夠明白他缺乏獨立和幫助別人的精神。

有些小孩要人讚美才肯做功課。許多被寵壞的小孩只要能夠獲得父母的注意，就能把功課做得很好。當他們失去有利地位，就開始惹麻煩。要有觀眾他們才肯動作；如果沒人觀看他們就失去興趣。這類小孩經常在數學科目上問題最大。在他們只需背頌一些規則或句子時，他們的表現可嘉，但假如要他們獨力解答一道問題，表現就經常一團糟。

乍看之下這或許只算小失敗，但實際上卻表示一個需要別人幫忙和注意的小孩，會嚴重危及其他人的福祉。假如這種態度維持不變，他將終其一生繼續要求其他人的幫助。每當他遇到問題時，就馬上估算怎麼強迫別人幫他解決。他將窮其一生不對別人做出貢獻，反而變成同伴的長久負擔。

一個想要成為注意中心的不同類型小孩，如果感覺自己不受注意，他會試圖藉由頑皮、搗蛋、帶領其他小孩墮落，和惹各種麻煩的方式來獲得注意。責罵和處罰對他起不了效果；他甘之如飴。與其被冷落，他寧可被處罰；對他而言，他的壞行為帶給他的不愉快經驗，不過是他達成受注意目的所付出的代價。許多小孩只把處罰當成是個人的挑戰。他們把它看成比賽或遊戲，比賽誰能撐得較久。所以小孩和老師或父母對抗，有時候是在訓練自己接受處罰時要笑，而不是哭。

一個懶惰的小孩，除非對老師或父母是直接的攻擊，不然他幾乎是個有野心，但卻一直害怕挫敗的小孩。每個人對成功這個字眼的了解不同，而小孩給挫敗的定義能夠出人意料之外。許多人認為若不能勝過每一個人就是挫敗。即使他們已經很成功，只要還有別人比他們好，他們就認為是一個挫敗。一個懶惰的小孩從未實際經驗過挫敗，因為他從未真正去面對一個問題。其他每個人都認為，只要他不那麼懶惰，就能克服他的困難。他以幸福的白日夢作為慰藉：「只要我去做，任何事情都能完成。」當他失敗時，他會對自己說：「我只是太懶惰而已，和我的能力無關。」

藉以減輕他的失敗感並保持自尊。

有時候老師會對懶惰的學生說：「如果你再努力一些，就會是全班最聰明的學生。」如果他什麼都不做就能獲得這種好評，那他何必冒險嘗試呢？或許他停止懶惰，老師就不再讚美說他有隱藏的聰明才智。到時老師會用他實際而不是可能達成的表現來評估。懶惰小孩另一個個人優勢是，只要他做一點功課，就能獲得讚美。每個人都期盼他起碼有個開始，所以只要他稍有改善動作，大家都急著給他鼓勵，無論他做的事情對正常小孩是多麼微不足道。如此一來，一個懶惰小孩靠別人的期待而活。他是個在嬰兒時期就已訓練自己期待別人努力滿足他的被寵壞小孩。

另一個類型的小孩很容易分辨，就是在同輩裡帶頭的小孩。人類需要領袖，不過真正的領袖必須顧及每個人的利益，但這種領導人少之又少。大部分帶頭領導的小孩，他們喜歡統治和支配別人，要能做領導人他們才會加入其他同伴。因此，這種小孩的未來不會太光明。年紀稍長後他們必定遭遇許多困難。若兩個這種類型的人結婚、共事或交朋友，結果不是悲慘就是滑稽。他們隨時都在找機會支配對方和建立自己的優越。有時候年紀較大的成員會看到，家裡被寵壞小孩試圖命令和壓制他的好笑情景。他們嘲弄和故意煽動他這種行為。不過，老師馬上就能看出，家人這類做法對他的人格發展不會有幫助，幫助不了他長大成為對社會有用的人。

小孩間往往就有很大的差異，我們絕不能試圖把他們削成同種形狀，或鑄成相同模樣。然而，我們想要做的是，預防他們在發展上養成自以為挫敗和自暴自棄等的習慣，而這些錯誤的習慣在童年期較容易矯正或預防。這類錯誤的習慣若未從小矯正過來，長大後他們可能會對社會造成嚴重傷害。童年時期的錯誤和成年時期的失敗有直接關聯。未學習合作的小孩長大後變成神經症者、酗酒、犯罪或自殺。

焦慮症、神經症者小時候怕黑，怕陌生人或怕新狀況。憂鬱症患者小時候是愛哭寶寶。在目前的社會裡，我們不能冀望幫助所有的父母避免犯錯，尤其最需要協助的父母通常又屬於沉默、不求助的一群。然而，可以寄望在老師身上。透過老師，我們能夠幫助所有小孩，試著改正以往的錯誤，並且訓練小孩成為獨立、勇敢和合作的生命。這是人類未來福祉最大的保障。

第七章之八

一些教育觀察

即使在一個大班級裡，我們亦能夠觀察出小孩間的差異，若了解他們的個性會更有助教育。然而，大班制教學絕對是缺失。老師未能發現一些小孩有問題，以致難以給他們適當的輔導和處理。一個老師應該要了解全部的學生，否則他無法引導他們的興趣和合作。我認為小孩由同個老師帶領幾年會有極大幫助。有些學校約每隔六個月就換老師一次。如此一來，沒有老師有足夠機會可以和小孩打成一片，進而了解他們的問題。如果一個老師帶同一班小孩三或四年，就較能發現和補救小孩生活風格裡的錯誤，並且亦更容易協助發展小孩之間的合作能力。

跳級不見得對小孩有利；他肩負別人對他額外期許的包袱。如果一個小孩年紀太大，或比班上其他小孩發展迅速，這時或許可以考慮給他升級。然而，一個班級等於一個單位，單位裡若有一個成員取得成功，應該能對其他成員有益。一班裡若有幾個才華洋溢的學生，能促進並提昇整班學生的進步，把班上這麼一個激勵因子給奪走，對其他學生很不公平。我會建議除了常規課程外，應該給班上這個異常聰敏的學生其他活動和興趣，比如畫畫等。他在其他活動上的成功，亦會帶動其他小孩擴展興趣，激勵他們一起參與。

留級重讀一年對小孩更是不幸的事。每個學校老師都知道，留級一年的小孩不管對學校或家庭都是一個問題，雖然情況不見得一定如此。有極小部分的留級小孩一點問題也沒有。然而，絕大部分留級的小孩，成績總繼續落後也愛惹麻煩。其他小孩看不起他們，他們對自己的能力保持悲觀的看法。這個問題很難解，而且在我們目前的教育體制下，有些小孩不容易逃脫留級一年的命運。有些老師利用假期，幫助進步遲鈍的小孩辨識出生活風格裡的錯誤，讓他們避免留級。當這些小孩的錯誤被辨識出來並升級後，能夠在各方面進步神速。其實，這是我們協助遲鈍小孩的唯一方式：讓他明白對自己能力評估上的錯誤後，我們就能讓他自由發揮。

每次我看見小孩依成績編成資優和放牛班好壞兩群時，我就注意到一個極為顯著的事實，但我應該說，這是我個人在歐洲的經驗，美國的情形我並不了解。在放牛班學生這一群裡，我發現他們是智障小孩和窮苦家庭小孩的混合體。在資優班好學生這一群裡，主要是有錢人家的小孩。這個事實我們很能了解。窮苦家庭的小孩較未準備好上學。他們的父母本身要面對許多難題；他們沒多少時間幫小孩做上學準備，或他們的教育程度幫不了孩子。

然而，我不認為應該把未做好上學準備的小孩編入放牛班。一個有良好訓練的老師知道，如何修正缺乏準備的學生。如果他們被編入放牛班，事實就擺在眼前，而且資優班的小孩亦明白這點，並會瞧不起他們。這等於為小孩產生挫敗感，並以錯誤方向尋求優越打下基礎。

原則上，我們理應倡導男女混合教育。這是一種讓男生和女生更互相了解，並學習與異性合作的絕佳方式。然而，相信男女混合教育能解決所有問題的人絕對是大錯特錯。男女合校教育有它特別的問題，除非這些特殊問題獲得辨識和處理，男女合校的學校，會比男校或女校製造更大的兩性疏遠問題。

比如其中有一個困難是，女孩在十六歲前的發育快過男孩。如果男孩不了解這點，他們就難以保持自尊心。男孩看見女孩的發展遠遠超過他們，變得垂頭喪氣。之後因為他們記得這些挫敗的經驗，會害怕和異性競爭。一個喜歡男女混合教育和了解問題的老師，能夠在工作上非常成功，但如果本身不贊同這個教育方式，也對它不感興趣，他會失敗。另一個困難是，除非小孩獲得適當的訓練和督導，不然一定會發生性方面的問題。

學校的性教育是非常複雜的問題。教室不是適合性教育的地方：如果一個老師對全班學生講話，他無法知道每一個學生取得正確了解與否。於是他可能撩起小孩的興趣，但卻不知道小孩對這些興趣準備好與否，或他們會如何把性納入生活風格裡。當然，如果小孩想知道更多並私下問老師問題，老師應該給他誠實和直接的回答。那麼老師就有機會判斷小孩真正想知道什麼，並給他正確的指點，把他導入正途。不過，常在課堂上討論有關性的問題反而有害。有些小孩必定產生誤解，而且把性當成一件好像不重要的事情來談論，對小孩一點好處也沒有。

第七章之九

心理諮詢部門的工作

大約十五年前，我提倡在學校成立心理諮詢部門，目的在於尋求和老師溝通並建立一套課程，在維也納和歐洲許多城市的學校裡，證實個體心理學諮詢部門極有價值。理想很多、希望很高，但若找不到一套能達成理想的實際方法，再多理想都是空談。根據這十五年來的經驗，或許我可以說這些心理諮詢部門業已非常成功，並且提供最佳方式，處理我們必須為大眾負責的小孩童年教育。自然地，我深信心理諮詢部門以個體心理學出發成果最佳，但我看不到有何理由，不該和其他學派的心理學家合作。其實，我總倡導應該和不同學派的心理學家合作，然後參考每一學派所做的結論。

心理諮詢部門運作的程序，是由一位對老師、父母和小孩的問題有良好訓練的心理學家，和學校老師一起開會討論工作上的問題。當他到學校後，老師和他描述小孩的個案與問題：可能是小孩太懶惰、愛鬥嘴、蠻橫、偷竊，或成績落後。心理學家提供他的經驗，然後一起做討論。老師描述小孩的家庭生活和人格發展情形，這些亦是小孩問題的來源。老師和心理學家討論可能的原因與處理方式。因為他們的經驗豐富，所以很快就能找出解決辦法。

心理學家到訪當天，個案的小孩和父母也到場。在心理學家和老師決定好如何和父母懇談，與告訴他們小孩問題的原因後，他們會找父母進房會談。父母能提供更多資訊，然後心理學家和父母開始討論，他會建議父母幫助小孩的方法。總體上，父母很高興有諮詢機會，也準備好要合作，但如果他們排斥，心理學家或老師會和他們討論其他類似的小孩案例，並且告訴如何幫自己孩子的方法。之後小孩進來和心理學家談話，不過不談他的錯誤，只談他的問題。心理學家尋找阻礙小孩發展的原因，原因可能是他感覺不受重視，家裡其他小孩較受疼愛等等。心理學家不會責罵小孩，只會和他進行友善談話並了解他的看法。如果要提及小孩的某一個錯誤，他會用假設的案例邀請小孩提供意見。結果小孩能夠了解，並迅速改變他的整個態度，對這個工作沒經驗的人，一定會很意外效果竟如此之好。

所有接受過我訓練的老師，都很高興看到小孩有進步，他們無論如何都不願意放棄這項措施。這讓他們的工作更有趣，而且他們的努力取得更有效的成果。他們沒人感覺有額外的工作負擔，經常在半小時之內，或用不到半小時就能把苦惱了他們數年的問題給解決掉。如此一來，整個學校的合作精神提高，不久之後，學校不再出現大問題，只剩下一些小問題需要處理。老師本身也變成心理學家。他們學習並了解個性的和諧，及所有個性表徵間的關聯，如果有問題發生，他們已懂得如何自行處理。其實，我們希望每個老師都學習心理學的一天到來，那麼心理學家就可以功成身退了。

以老師發現班上有個懶惰小孩為例，他會找小孩討論懶惰這個主題。討論一開始他會問：「懶惰從哪裡來」、「為何有些人會懶惰」、「一個懶惰的小孩為何要改變」和「有什麼該改變」等的問題。小孩會談論問題、做出結論。這個懶惰的小孩並不知道自己是這次討論的目標，不過懶惰是他個人的問題，所以他會很有興趣討論，並由討論中獲得許多學習。如果受到攻擊或責罵，他什麼也學習不到；但假如他能留神聆聽一場平和的討論，他就會思考這個問題，進而改變態度。

沒人能了解小孩的心思，連和他們一起工作和遊戲的老師也無法了解。他見過許多不同類型的小孩，如果他技巧夠就能和每個小孩建立良好的關係。小孩早期的錯誤持續，或獲得矯正全操在他手裡；就像母親一樣，他是人類未來的守護神，他能做的貢獻價值難以衡量。

WHAT LIFE COULD MEAN TO YOU

【第八章】

青春期

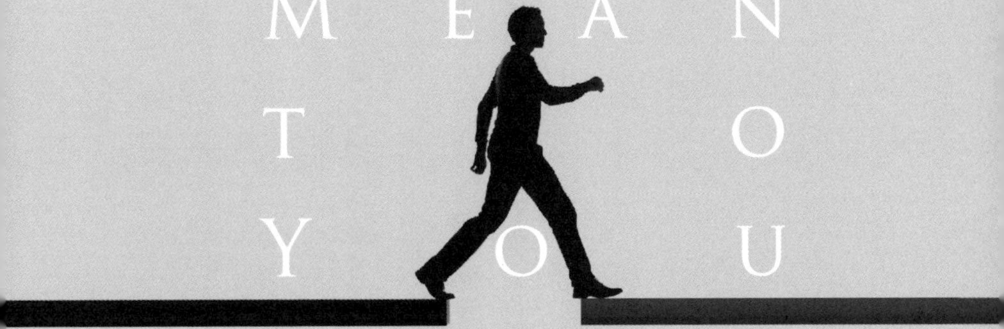

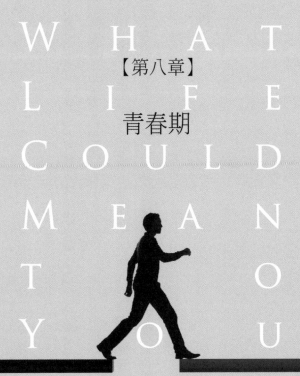

第八章之一

何謂青春期？

有關青春期的書籍比比皆是，它們大多把青春期，視同一段威脅個體整體人格發展的危險期。青春期裡有許多危險，但並不能改變一個人的性格。一個成長中的小孩在青春期要面對許多新狀況和新考驗；他感覺正接近人生的前線。因此，生活風格裡隱藏的錯誤或許一一呈現出來，不過有經驗的人，能在早期就觀察出這些錯誤。這些錯誤在青春期裡變得愈發明顯，並且不容忽視。

☼心理層面

對所有年輕人而言，青春期所代表的最重要意義是：他必須證明自己不再是個小孩。或許我們可以說服他相信這是很自然的事情；如果做得到這點，他在這個階段裡很多的壓力就能去除。但如果他感覺必須證明自己已經成熟，將不能避免地承受過多壓力。

大多數的青春期行為，不過是小孩想顯示獨立，想和大人平等，想轉變為男人或女人的結果。

這個行為的方向取決於小孩賦與「長人」的意義。如果「長大」表示不再受限制，小孩就會反抗所有限制。這是青春期小孩常見的表現。許多青春期小孩開始抽菸、罵髒話和夜歸。有些小孩和父母事事唱反調，這些父母可能因一個乖巧的小孩，突然變得叛逆而傷心或失望不已。不過，這不是小孩態度的改變；本來十分乖巧的小孩，其實心裡總是反對父母，但現在，在他感覺自己有更多自由和力氣後，他覺得自己可以公開宣布他的不滿了。一個總被父親欺壓，必須在表面上假裝乖巧和順從的小孩，他不過是在等待時機報復罷了。一旦他感覺夠強壯後，他可能挑釁父親打一場架，把父親痛打一頓後離家而去。

小孩經常在青春期獲得更多自由和自主權。父母不再覺得他們有管束的權力。然而，如果父母繼續行使他們的管束權，小孩可能更努力避免受他們控制。父母越想證明他還是一個小孩，他就越激烈反抗，以證明他已長大。於是在此抗爭下，小孩逐漸發展出敵對的態度，因此出現典型的「青春期反抗」。

☼ 生理層面

我們無法嚴格限制青春期的年齡層。一般它約從十四歲開始，一直到二十歲時結束，不過有些小孩十或十一歲就邁入青春期。這時身體所有器官都在成長和發育，有時候小孩會出現身體協調上的困難。小孩長高，手腳變大，或許會變得較不愛動和較不敏捷。他們需要努力改善身體的協調性，但如果在此過程裡遭受譏笑或批評，他們會相信自己天生笨拙。如果小孩的動作遭嘲笑，也會變得笨拙。

這時內分泌開始刺激小孩發育。青春期階段內分泌開始旺盛。但這不是一個澈底的改變——內分泌在嬰兒期間就已開始運作——如今它們的分泌增加，副性徵變得愈見明顯。男孩開始長出鬍鬚，開始變嗓。女孩身材開始豐滿，明顯更女性化。這些也是青春期小孩可能產生誤解的地方。

第八章之二

成人期的挑戰

有時候一個尚未準備好過成人生活的小孩，他在逐漸接近如建立事業、交友、愛情和婚姻等成人的挑戰過程，會感覺痛苦萬分。他感覺絕望，不認為自己能做得好這些事情。和人在一起時他內向和羞怯，他希望把自己孤立起來，留在家裡不要出門。在工作世界裡，他找不到有興趣的工作，並深信無論他做哪個工作都會失敗。至於愛情和婚姻，和異性在一起時他感覺難堪、不自在，害怕和異性見面或相處。如果他和異性說話，會臉紅；他找不到話回答對方。隨著時間一天一天過去，他的絕望感愈來愈深。

在極端的案例裡，這麼一個個體完全無法處理任何人生的問題，沒人能夠受得了他。他不注意別人、不和他們說話、不聽他們說話、不工作、不讀書；他躲在一個綺思的世界裡。他只剩下一些卑鄙的性活動。這是精神分裂症的狀況，一個由小錯誤而起的狀況。我們有可能鼓勵這樣的一個小孩，告訴他尚未轉錯方向，為他指引一條正確道路，他就能夠恢復正常。這個工作不容易，因為他整個成長都必須修正。他對生命從前、現在和未來的意義，必須以更科學的觀點來探討，而不單憑他個人的邏輯而定。

青春期所有的危險，皆因小孩處理人生三大工作的訓練不正確而起。假如小孩害怕未來或對未來悲觀，自然而然地，他們會以最輕鬆的方式處理未來。然而，如果輕鬆的方法無效，小孩會越被催促、告誡和批評，他好像站在無底深淵的邊緣。我們越把他往前推，他越退卻得厲害。除非給他鼓勵，不然協助他的每一個努力將是一個錯誤，傷害他更深。當他如此悲觀和害怕時，我們不能期待他有能力做任何額外努力。

第八章之三

一些青春期問題

☼被寵壞的小孩

許多發生在青春期的失敗，都是因為小孩被寵壞，這種小孩由於自小習慣有父母可差使，所以在接近承擔成人責任的青春期階段，很容易感覺受到特別限制。他們還想繼續被寵，但隨著年紀增長，他們發現自己不再是父母注意中心，他們感覺人生在欺騙他們，讓他們失敗。他們在一個人工暖房裡長大，對他們來講，外面的空氣特別寒冷刺骨。

☼守戀童年

在此階段裡，有些年輕人希望不要長大。他們或許甚至保持童稚說話方式，找年紀較小孩子一起玩耍，假裝他們能永遠當個小孩。然而他們大部分會做些嘗試，讓自己表現像大人。如果他們不夠勇敢，就會拙劣地模仿大人樣子：男孩模仿男人的姿態，樂於自由花錢，挑逗異性和談戀愛。

☼ 小型犯罪

在更棘手的個案裡，一個男孩若找不到清楚方向處理生命問題，而且個性外向和活潑的話，很可能就會邁入犯罪生涯。如果他先前犯過一些小罪未被察覺，認為自己夠聰明，再犯也不會被查獲的話，他就更容易走上歧途。犯罪是逃避生命問題最輕鬆的方式之一，小孩若要謀生，犯罪尤其是最容易的方式。因此，導致十四歲到二十歲年齡層的犯罪率大幅升高。在這裡，我們再度面對的不是小孩的新發展，這是小孩生活風格裡原有的錯誤，在壓力較大的情況下顯現出來。

☼ 神經行為

對較不活潑和較不外向的小孩來講，最容易的逃避方式就是出現神經症。有許多小孩在青春期開始出現功能失常和神經症。每一個神經症症狀，都是設計來拒絕解決問題的辯解，且無損個人的優越感。神經症症狀在個體遭遇無法面對的社會問題時出現，因為遭遇困難而製造大量壓力。青春期間，生理結構對這類壓力和緊張特別敏感；所有器官可能受刺激，整個神經系統繼而受到影響。這能給猶豫和失敗提供藉口。在此狀況下的個體，由於受病症之苦，所以不管是他自己或別人，都開始認為他可以卸除人生責任。

每一位神經症者皆自認有最善良的意圖。他深信社會興趣和面對生命問題的必要性。只是他的個案是這個訴求的例外。神經症就是他的藉口。他整個態度在說：「我很想解決所有的問題，但很不幸地我沒辦法。」因此，他公開主張壞意圖，社會興趣封閉，但和壓抑的罪犯不同。我們很難決定這兩者誰對人類福祉傷害最大：神經症者的動機是如此善良，但他們的舉動懷恨、自私，設計來逃避和人群合作；至於罪犯，他們的敵意是如此公開，但他們為壓抑自己的社會興趣而痛苦萬分。

☼ 背離期許

我們發現有些小孩的表現，在青春期裡出現明顯的逆轉。原先功課上最被看好的小孩，表現開始大幅滑落，原來似乎天資較差的小孩開始取而代之，顯現出別人始料未及的才能。這和小孩原先的表現並無牴觸。或許一個大被看好的小孩，因害怕滿足不了別人對他的期許，而變得焦慮不安。只要他受到支持和讚美，就能勇敢向前；但如果他必須獨立作戰，他就喪失掉勇氣，變得逃避困難。其他小孩可能發現他們有了自由而受到激勵。他們清楚看見通往抱負的成功之路就在前面。他們充滿新想法和新計畫。他們的創造力增強，對人生各層面的興趣變得更鮮活和積極。這些小孩一直保持勇氣，獨立自主對他們並非意謂困難和挫敗，而是表示有更多成就和貢獻的機會。

☼ 尋求讚美和認同

早期感覺受冷落和忽視的小孩，在和其他人類夥伴建立較佳關係後，便開始希望博得讚美。有許多人極度渴望別人的激賞，過於尋求讚美對男孩而言很危險，但有許多女孩更缺乏自信，她們把別人的認同和讚美，做為證明她們價值的唯一方式。這種女孩很容易淪為那些懂得取悅她們的男人的獵物。我遇到許多在家裡得不到讚美的女孩，她們開始有性關係，這不僅是為了證明她們已經長大，也是為博取別人讚美和注意的最後一著。

讓我來說一個出自貧苦家庭的十五歲女孩的例子。她有一個哥哥，但童年時期總是生病。母親花大部分時間照顧兒子，沒給女兒多少注意。此外，小時候她的父親也在生病，這嚴重限制了媽媽關心她的時間。

於是這個女孩急需關愛和注意，但她無法由家裡找到。接著有一個妹妹出生了，這時她的爸爸健康已經恢復，媽媽可以全心照顧妹妹。結果，這個女孩覺得她是家裡唯一沒得到父母的關愛和感情的小孩。她把這份感覺壓在心裡忍耐著；她在家裡表現乖巧，是學校裡最優秀的學生。由於她優異的學業成績，學校建議讓她繼續升學，她被送到一所老師不了解她的高中就讀。一開始她聽不懂新學校的教學，功課開始退步，老師非難並挑剔她，她愈來愈沮喪。她急需別人給她讚美。當她發現在家裡和學校都得不到讚美時，她做何感覺呢？

她到處尋找能給她讚美的男生。經過幾次的經驗，她和一個男人離家出走了兩星期。她的家人非常擔心，也試著找她。但不久之後，她發現她依然讚美不了自己，於是她開始後悔自己荒唐的行徑。

接下來她想到自殺，這個女孩捎一張字條回家說：「別擔心。我服下毒藥。我非常快樂。」其實她並沒有服毒，我們能夠了解原因。實際上她知道父母關心她，她感覺還能吸引他們的同情。所以她沒自殺，她一直等媽媽過來把她帶回家。如果這個女孩了解她所有的努力都是為了獲得別人欣賞，就不會有這些困難；假如她高中的老師了解她，或許也能防止問題的發生。這個女孩以往在校的成績一直很出色，如果老師意識到這個女孩對成績很敏感，需要老師更小心處理，那麼她就不會變得氣餒。

在另一個個案裡，一個女孩出生在父母個性都很脆弱的家庭。媽媽一直想有個兒子，生出女兒時她非常失望。她低估女性的角色，女兒亦受她影響而有同感。她不只一次聽見媽媽和爸爸說：「這個女兒沒一點吸引人，長大後沒人會喜歡她。」或：「她長大後我們要拿她怎麼辦？」在此有害的氣氛下生長十年後，有一天她看見一封媽媽朋友寄給媽媽的信，安慰她雖然只有一個女兒，但她還年輕，有時間再生個兒子。

我們不難想像這個女孩有何感覺。幾個月後她到鄉下舅舅的家裡玩。她在那裡認識一個弱智的男孩，並談起了小戀愛。後來他離開她，但她持續一連串相同行為。當我看見她時，她已經有一長串的愛人名單，但每次戀愛依然沒給她獲人激賞的感覺。如今她得了焦慮神經症，如果只有自己一個人，她就不敢外出。而試過許多方式仍得不到讚美之後，現在她另一個方式：她開始藉著病痛和傷害，對家人頤指氣使；家裡每件事情都要經過她的批准；如果父母不從，她就痛哭失聲並揚言自殺。要讓這個女孩喜歡自己，及讓她相信她在青春期裡過度強調被排斥感，這個工作相當艱難。

第八章之四

青春期性觀念

男孩和女孩在青春期間，往往都由於想證明自己已經長大，所以高估和誇大性關係。比如一個和母親作對，總相信自己受到壓抑的女孩，在青春期經常為了表達抗議，而隨便和她認識的男性發生性關係。她不在意媽媽發現與否；實際上如果她能引起媽媽焦慮，她最開心。一個女孩和媽媽，或和爸爸鬥嘴後離家，然後和她遇見的第一個男人談戀愛，這種情形並不罕見。這類女孩大都屬於那些一向乖巧、有良好教養，被認為最不可能發生這類行為的一群。然而，這種女孩實際上並無罪。她們對人生尚未妥善準備好；她們感覺受忽視和自卑，對她們而言，這似乎是唯一能讓她們感覺堅強些的方式。

第八章之五
雄性主張

許多被寵壞的女孩發現難以調適她們的女性角色。我們的文化一向給男性優越過女性的印象，以致這些女孩討厭當女性。如今來到青春期，她們顯現出我所謂的「雄性主張」。雄性主張涵蓋許多不同的行為表現。有時候她們只是厭惡和規避男性。有時候這種女性喜歡男性，但每當有男性在場，就感覺不自在和不敢和男性說話，所以她們不願意在有男性的場合裡出現，而且對於性事一般都缺乏興致。年紀大後，她們堅稱自己很想結婚，但她們根本不去接近異性或不和異性交往。

她們厭惡女性角色的感覺在青春期特別明顯。女孩行為更男性化，試圖模仿男生，她們尤其愛模仿男生的壞習慣：抽菸、喝酒、罵髒話、加入黨派或大肆展現性自由。她們經常辯駁說，如果她們像個女生，男生就不會對她們有興趣。

當她們厭惡女性角色的感覺和表現更進一步發展，我們就會發現她們出現女同性戀，性慾倒錯和賣淫等表徵。所有的妓女從小就感覺沒人會喜歡她們。她們相信自己天生就較次等，永遠贏不了男性的愛或興趣。在這些情況下我們能夠了解她們往往自甘墮落、貶低自己和只把性當成一種賺錢的方式。這股對女性角色的厭惡感並非由青春期引起。我們反而發現，這些女孩從很小時就開始痛恨當女性，只是在童年裡尚未有這股自我表達的需要，同時亦缺乏機會表達。

不只女孩才有「雄性主張」。所有高估男性氣概重要性的小孩，他們把男子氣概視為理想，懷疑自己不夠強壯，害怕自己達不了這個理想。如此一來，我們的文化所施予男子氣概的壓力，對男孩也像對女孩一樣沉重，尤其是男性性徵不夠有自信的男孩。有許多小孩活在自以為性別可以改變的信念裡，因此，讓小孩在二歲大的時候明白自己的性別和男女有別，是為人父母非常重要的一件工作。

青春期對一個長相較女性化的男孩而言特別難捱。陌生人有時候會誤認他的性別，甚至家裡的友人會對他說：「你真該是個女生。」這樣的男孩多半會自卑自己的外表，把愛和婚姻等生命問題當成是嚴厲的考驗。不能認同自己性別的男孩，在青春期往往會出現模仿女生的傾向。他們開始表現女性化，假裝女性愛慕虛榮、婀娜多姿、任性善變等過度矯情的一面。

第八章之六

我們成形的年齡

一個人對待異性的態度，會在生命的頭四或五年裡準備完成。性取向在嬰兒期頭幾個星期裡非常明顯，但在合宜的宣洩管道建立前，不需要予以刺激。假若性取向未受到刺激，它會自然發展，不會對我們造成傷害。比如我們不應該擔心小孩在他生命的第一年裡對自己的身體表現出好奇。或許他會摸觸自己的身體；但我們應該運用影響力讓小孩合作，讓他減少對自己身體的興趣，開發他對周遭人群更感興趣。

如果這些企圖是為了自我滿足且無法遏止，這又另當別論了。那麼，我們能夠確定這小孩有自己的心思：他不是性取向的受害者，反而會用來達成個人的目的。總體上，小孩的目的是在獲得父母的注意。他們感覺父母的擔心和害怕，也知道如何利用這些感覺。結果，如果他們的習慣不再能吸引父母的注意，就會自行放棄。

父母接觸小孩必須小心。父母以擁抱和親吻來表達對孩子的愛和感情並沒什麼不對，只要不刺激孩子不正當的生理反應即可。此外，小孩或大人在回想童年時經常告訴我說，他們偷看到父親書房裡的色情書刊或色情影片時，身體興起一股異常的感覺。

父母最好把這類書籍和影片收藏好，不要給小孩看見。如果不刺激小孩的性慾，就能避免掉這類困難。

另一種型式的刺激，我們在先前介紹過，就是給予孩子不必要和不適當的性資訊。許多大人似乎對性教育過於狂熱，好像害怕小孩長大後對性懵懂不知似的。如果我們檢討自身和別人的經驗，我們會發現，他們擔心的事情根本不會發生。最好等到小孩對性產生好奇，並想要了解後，才給予小孩性教育。假如父母注意和關愛子女，即使小孩不說，他們亦能察覺到小孩的好奇。如果小孩和父母建立友好的關係，他會發問；父母的回答應該要讓他能夠了解並取得資訊。

同時也建議父母不要在子女面前過度以肢體表達對彼此的感情。如果可能，小孩不應該和父母同房而睡，更不應該和父母同一張床；還有最好不要讓女孩和哥哥或弟弟睡同一間房。父母必須注意子女的發展，不應該自我欺騙。假如他們不了解子女的個性和發展，就永遠不會知道子女受到什麼影響。

☼ 期待青春期

人類某些發展階段，經常被賦與一個高度私已的意義，好像它們是明確的轉捩點似的。這幾乎是普遍性的迷思：比如把青春期當成一段非常特別和獨特的階段；更年期亦受到類似的看待。然而，這些階段並未帶來基本的改變；它們不過是生命的延續而已，不是什麼重要的關頭。一個個體期待在這個階段裡發現什麼，他認為有什麼意義，及他怎麼教導自己去面對，這才是最重要的。小孩經常在青春期初開始時驚慌失措，好像見到鬼一樣。假如妥善了解這份反應，我們會看見小孩一點也不關心生理在青春期的發展，只有社會要求他們對自己的生活風格做新的調整。但問題是，他們通常會相信青春期是一切的結束；他們的價值全數喪失。他們不再有合作和貢獻的權利：沒人再要他們。所有青春期的問題和困難，都由這些感覺與憂慮而起。

如果小孩受過良好訓練，認為自己和別人是平等的一分子，了解他對社會有貢獻的責任，也明白異性是同伴，與異性是具有平等地位的，那麼青春期只會給他機會，開始以創新和獨立自主的方式，來解決成人生活的問題。如果他感覺自卑；對自己的情況觀點錯誤，那麼就代表他未能準備好面對青春期的自由。如果有人強迫他做必要的工作，他會去完成；但若期待他自動自發去做，他會猶豫和失敗。如此一個需要別人驅使的小孩，若太過自由，那麼他一定失敗。

WHAT LIFE COULD MEAN TO YOU

【第九章】

犯罪與其預防

第九章之一

了解犯罪心態

個體心理學能協助我們分辨人類的所有不同類型，明白人類儘管類型不同，但基本上並無太多差異。比如我們發現罪犯在行為上顯示出來的失敗，和問題兒童、神經症者、精神病人、自殺者、酗酒者和性變態者類似。他們解決生命問題的方式都失敗；而且，他們在非常明確的方面都一樣失敗：他們每個人在社會興趣方面都失敗。然而在這裡，我們無法把他們和其他人區分出來。沒人能成為合作或社會興趣的完美無缺的典範，罪犯，只不過是因為他們的失敗較一般人嚴重，才會有所不同。

☼ 人類追求優越

了解罪犯有一個議題特別重要，雖然我們會發現他們在這方面和我們雷同：我們都希望克服困難；努力追求使我們感覺更堅強、更優越、更完整的未來目標。正確來說，這是所有人類一生追求的目標——努力由較次等地位，跳往較優越地位，由挫敗爭取勝利，由下往上爬。由童年開始，直至生命完結為止。生命涉及我們在地球的繼續存在，努力克服障礙和戰勝困難。因此，我們不該驚訝罪犯也抱持著如此的生命哲學。

罪犯在所有的行動和態度裡，顯示出他也在努力追求優越、解決問題、克服困難。他之所以與人不同，不是目標不同，而是他使用的方式和選擇的方向不同。如果我們了解他之所以選擇的方式，是因為誤解了社會生活對他的要求，和他不關心其他人類夥伴，我們就能明白，他有如此行徑是相當可以理解的。

☼環境，遺傳與轉變

因為有些人的想法剛好相反，所以有一點我要特別強調。他們把罪犯當成人類的異數，完全不屬於正常人。比如有些科學家主張罪犯皆屬精神障礙一族。其他人則強調犯罪和遺傳有關：他們相信罪犯天生有邪惡因子，禁不起犯罪的誘惑。還有人高喊：「一朝為賊，終生為賊。」如今有不少證據可以駁斥這些說法。更重要的是，如果我們接納這些說法，我們就永遠解決不了犯罪問題。歷史告訴我們，犯罪製造了多少禍害，如今我們急欲加以制止；我們永遠不能光靠「犯罪全是遺傳問題，我們愛莫能助」這種話為犯罪問題掩飾，這些還不足夠。

絕沒有強制性環境或強制性遺傳這種事情。來自同一個家庭和環境的小孩，發展也能夠完全不同。有時候罪犯來自一個聲譽完美無暇的家庭。有時候我們發現一個惡名昭彰，把進出監獄和感化院視同家常便飯的家庭裡，卻出現個性和行為良好的小孩。

另外還有些罪犯後來改過自新，犯罪心理學家經常解釋不出一個慣竊到了三十歲以後，何以能夠安定下成為一個好市民。假如犯罪傾向是與生俱來，或受童年環境影響而起，那麼前述事實就相當讓人難以理解。然而，我們不難了解為何有如此的轉變，這個個體可能換到較有利的狀況；他較少被要求，生活風格裡的錯誤不再浮出表面。或有可能他已由犯罪獲得所有他想要的東西，所以不再需要犯罪。最後，也許他人老了、胖了，較不適合犯罪工作，他的關節僵硬了，行動不如以往敏捷，這時偷竊對他變成一樁難事。

☼ 童年影響與罪犯的生活風格

我們能夠讓罪犯改過向善的唯一方式，就是找出童年時期阻礙他學習合作的原因。如今，個體心理學已為我們在這個黑暗領域投下部分光明。在這個方面我們已取得更多的了解。小孩的精神在五歲前是一個單位：他個性的繩線全被拉在一起。遺傳和環境影響發展的一部分，但我們不是那麼關心這個小孩與生俱來什麼能力，或他遇到什麼經驗，我們關心的是，他如何利用這些能力、經驗及怎麼處理它們。這個層面的探討特別重要，因為事實上，我們對遺傳能力或失能一無所知。我們只需思考他所處的狀況有何潛能，及有無充分利用它們。

所有罪犯都具有某一程度的合作能力，但不足以應付社會的要求，這點父母要負責，尤其是母親。她必須了解如何擴展小孩的興趣範圍，直到小孩對別人感興趣為止。但或許這個母親並不想讓她的小孩對其他任何人有興趣。或許她的婚姻不快樂：夫妻倆人相處不睦。或許他們考慮離婚，或彼此妒忌。因此，這個母親可能希望把小孩佔為己有。她寵壞他、溺愛他、不容許他獨立。這樣的情況下，小孩合作能力的發展相當明顯地受到限制。

對別的小孩感興趣，這對社會興趣的發展非常重要。通常某個小孩是媽媽的最愛，家裡其他小孩往往會對這個小孩不友善，不願把他納入他們的社會群體裡。若這個狀況遭到誤解，就可能成為犯罪的出發點。假如家裡一個小孩非常突出，那麼跟在他後面的下一個小孩，有很大的比例會成為問題兒童。也有可能排行老二的男孩較可愛和討人喜歡，他的哥哥便會感覺弟弟剝奪掉父母對他的疼愛。這樣的哥哥很容易自我欺騙，深信他遭忽視。他尋找證據證明他的想法正確。他的行為變得更惡劣，他受到父母更嚴格管教；於是他認為自己遭反對和受排擠的信念獲得確認。由於他感覺遭到剝奪，於是便開始偷竊；他被發現和受到更多處罰，現在他有了更多證據證明沒人愛他，及每個人都和他作對。

父母在子女面前抱怨工作或經濟，可能阻礙小孩社會興趣的發展。如果他們當著小孩面前訴說親戚或鄰居的不是、批評別人，顯現出對別人不好的感覺和偏見，同樣也影響小孩。我們不意外他們的小孩長大後對別人觀點的扭曲；最後，假如他們轉而反對父母，我們也不應該驚訝。當社會興趣遭阻，只剩一種自我中心的態度留下。這個小孩感覺：「我為何該幫助其他人？」在此心態下他無法解決人生的問題，他變得猶豫，並找尋輕鬆的解決方式。他發現自己難以努力，不在意傷害別人。於是他開戰──一場針對一切的戰爭。

讓我提供幾個例子說明犯罪發展的過程。有一個家裡排行老二的兒子是個問題兒童。就我們的了解他相當健康，沒有任何遺傳性瑕疵。老大也是個男孩，最受父母疼愛，弟弟總試圖趕上哥哥，好像他在參加賽跑，要超越前頭的選手一樣。他的社會興趣並未發展，非常依賴媽媽，想要把媽媽佔為己有。不過他有一項艱難的工作，就是哥哥這個超強對手，哥哥的學業成績一直是班上前幾名，而他的名次卻常落在後面。

他管理和支配別人的慾望非常明顯。他曾經命令家裡的老女傭，要她像個士兵繞著房間踏步前進。這個老女傭非常疼他，即使他已長到二十歲，還陪他玩將軍的遊戲。他經常焦慮，過度恐懼完成不了他必須做好的工作，所以事實上，他根本一事無成。只要缺錢，他總能從媽媽那裡拿到錢，雖然他會遭責罵和批評。

有一天他突然閃電結婚，這更增加他的困難和問題。然而，他的婚姻只是為了滿足他一定要搶先在哥哥之前結婚的目的；他以為這回他大獲全勝，但卻顯示他極度貶低自我價值，竟以如此荒謬的方式爭取勝利。他尚未準備好婚姻，所以總和妻子吵個不停。在他媽媽經濟不再寬裕、不再像以往那般滿足他後，他訂來鋼琴，尚未付款給琴商就把鋼琴售出換錢花用，因而身陷牢獄。從這個個案的歷史來看，我們可以看出早期童年是他日後犯罪的根源。他在哥哥的陰影下長大，就像一棵被大樹遮蔽的小樹。和資質聰敏的哥哥相比，他塑造自己遭冷落和忽視的印象。

另一個例子是有關一個十二歲，極有抱負並被父母寵壞的女孩。她有一個讓她非常忌妒的妹妹，不論在家或在學校，她總和妹妹競爭，總感覺妹妹比較受疼愛，妹妹拿到的糖果和零用錢比她多。有一天她偷同學的錢，結果被發現，並遭到處罰。幸好我能夠和她解釋整個狀況，讓她明白認為自己比不上妹妹的觀念是錯誤的。同時，我和她的家人解釋她的狀況，他們讓她停止跟妹妹競爭，且避免她產生妹妹較受疼愛的印象。這件事大概發生在二十年前。如今這個女孩已經長大，成為一個非常誠實的女人，有了一個小孩，而且從那個事件後，她未曾犯過任何大錯。

☼ 罪犯的人格架構

我們在第一章裡，針對某些對小孩發展有危險的狀況做過討論，不過我想在此再做簡短說明。如果個體心理學的發現正確，我們必須強調，唯有找出這些狀況對罪犯的影響，並矯正他們的觀念，才能真正引導他們往合作行為發展。有特殊困難的小孩主要分成三類：第一，有生理障礙的小孩；其次，被寵壞的小孩；第三，被忽視的小孩。

根據我對接觸過的罪犯，及書籍報章裡的犯罪行為所做的研究，我嘗試探查罪犯的人格結構，我發現個體心理學協助我獲得更深一層的了解。讓我來做一些進一步的說明。

第一，康瑞德（Conrad K.）弒父案：康瑞德夥同另一個男人，殺死自己的親生父親。他的父親忽視這個男孩，對他殘酷無情，並虐待全部家人。有一次這個男孩在父親打他時反擊，並打傷了父親，父親一狀告到法庭。法官對他說：「你有一個邪惡和愛吵架的父親，我沒有解決的辦法。」

法官這席話等於提供這個男孩一個藉口。他的家人試圖為父子倆找補救辦法，但都徒勞無功；於是他們陷入絕望。之後這個父親找了個行為不端的女人回家同居，並把兒子趕出家門。在此時，這個男孩結識一位生性凶殘的打零工男人。這個男人建議他殺死他的爸爸。男孩想到母親，心裡猶豫不決，但家裡的情況愈來愈糟糕。經過一番天人交戰，最後這個男孩下定決心，在這個工人的協助下殺害他的父親。

在這個個案裡，我們看見這個男孩無法延伸他的社會興趣，連對自己的父親也不能。他依然深深依戀著母親，非常尊敬她。在他摧毀自己僅存的社會興趣前，他需要刺激他的狀況發生。所以他在獲得殘暴的工人支持後，他才能犯下弒父罪行。

第二，瑪格麗特・汪辛格（Margaret Zwanziger），其他人稱之為「知名下毒者」個案：她從小就是個棄兒，長得瘦小和醜陋。個體心理學會說這些狀況刺激她急欲吸引別人注意和關心。為了滿足需要，她在表面上顯得謙恭有禮。

經過無數探試都枉然之後，她已接近絕望邊緣，有三次她試圖對婦女下毒，冀望能把她們的丈夫據為己有。她感覺被剝奪，找不到任何「拿回她的失物」的方式。她還用假裝懷孕、或企圖自殺的方式來留住男人。在她的自傳裡（許多罪犯都樂於把自己的故事寫下來），她的說法確認了個體心理學的觀點，但她自己卻不知道，她說：「每當我做邪惡的事情時，從沒人在意過我，那我何必在意別人呢？」

由這些話裡，我們可以了解她為何犯罪。她的這些話，就跟我建議人要合作，並對別人有興趣時，可以經常聽到的回答一樣：「其他人對我也沒興趣啊！」

我總是這麼回答：「總要有人先開始啊。其他人不合作不關你的事。我建議應該由你先開始，別管其他人合作與否。」

第三，NL，排行老大的兒子，家境惡劣，瘸一腳，兄兼父職照顧一個弟弟。由這些狀況，我們亦能辨識他具有追求優越的目標，這個目標一開始可能是有益的。不過，或許一切是出自他想表現自尊和炫耀的慾望。稍後，他載母親出外求乞，並對她喊說：「滾開這裡，妳這個糟老太婆。」

我們應該同情這個男孩：他連自己的親生母親也沒興趣。如果我們了解他的童年，就能了解他何以會走入犯罪一途。他有很長一段時間失業、沒有錢，並染上性病。有一天他遍尋工作不著，回家的路上他和弟弟為了一點小錢起爭執，結果他把弟弟給殺了。在這裡我們看到他願意合作的限度——他沒錢、沒工作、又染有性病。總有一個限度使得罪犯感覺他無法和人合作。

第四，有一個小孩從小就是個孤兒，他的養母對他百般溺愛和縱容。結果他變成一個被寵壞的小孩，為他日後的發展埋下成因。他做生意方式狡猾，不停想讓人佩服他，總想成為業界翹楚。養母不斷鼓勵他施展抱負，任他胡作非為。結果他變成大騙子，為賺錢不擇手段。他的養父母屬於少數貴族階層；他充貴族氣派，把養父母的家財揮霍殆盡，然後把他們逐出房子。

惡劣的教養方式和縱容溺愛寵壞了他。以說謊和欺騙來勝過每個人變成他一生的職志。養母比愛親生子女和丈夫還更疼愛他。這種教養方式讓他感覺有權獲得一切，但他無法以正常方式來超越別人，顯示出他極度貶低自我價值。

☼ 犯罪，精神錯亂與怯懦

在進一步介紹前，我先要駁斥所有罪犯都是精神錯亂的說法。的確有精神病人犯罪，但他們犯罪的原因不同。我們不能要他們為犯罪負責，他們犯罪是因為我們完全不了解他們，及我們以錯誤方式對待他們。

同樣地，我們也必須排除弱智罪犯的刑責，受到幕後人士以錢財作為吸引，煽動他們的貪慾，所以他們受害犯下罪行，也冒受懲罰之險。當然，受年紀較大和較有經驗的罪犯利用而犯罪的少年亦屬此類。策畫犯罪的人是那些有經驗的罪犯；小孩受他們誘惑才會犯罪。

所有罪犯也都是懦夫。他們逃避不夠堅強去解決的問題。我們可由他們面對生命的方式，與所犯罪行看出他們的怯懦。他們躲藏在黑暗和隔絕的地方；他們偷襲受害者，在受害者能反抗前便先亮出武器。罪犯自以為很勇敢；但我們不該被愚弄而贊同他們勇敢。犯罪是一個懦夫模仿英雄主義的行為。他們努力追求一個滿足個人優越的虛幻目標，他們喜歡相信自己是英雄，但這不過是個錯誤的人生觀，是常人眼裡的失敗。我們知道他們是懦夫，假如他們明白我們知道，對他們無疑是一記重擊。他們自以為聰明過警察，並經常認為：「他們永遠抓不到我。」這些想法膨脹了他們的自負和驕傲。

不幸地，只要我們仔細調查每一個罪犯的歷史，我相信一定會顯示出他們其實都曾經犯罪，但卻未被發現的經驗，這個事實的確令人遺憾。被抓時他們心想：「這次我不夠聰明，但下次我會以智取勝，他們就抓不到我了。」如果他們下回確實成功逃脫，他們便感覺已達成自己的目標；他們感覺優越過人，並且博得同黨誇讚和激賞。破除以為罪犯勇敢和聰明的迷思非常重要，但我們應該從哪裡開始呢？我們能在家裡、學校和拘留中心裡進行這項工作，我將在本書後面介紹一些最佳的攻擊點。

第九章之二
罪犯類型

罪犯分成兩種類型。一種是那些確知這世界裡有種叫夥伴關係，但卻從未去體驗的人。這類罪犯對他人採取敵視態度；他感覺遭人排斥和不受人激賞。另一種是從小被寵壞的小孩，我經常聽到監獄囚犯抱怨說：「我會犯罪都是因為媽媽溺愛和縱容我。」有關這點，實際上我們應該更詳盡地說明，但在此我稍微一提，只是想強調罪犯被各式不同的錯誤方式教養長大，他們未在正確的合作環境下學習。

父母可能希望子女長大成為社會的良好一員，但卻不知道該怎麼做。如果他們以專橫和嚴厲的態度管教子女，就不可能成功。假如他們對子女一味溺愛，對子女一味順從，就等於教導子女要以自我為中心，不用努力去爭取別人的認同和讚美。因此，這種小孩喪失持續努力的能力；他們總想取得大家的注意，總期待獲得一些東西。如果他們找不到一種輕鬆的方式獲得滿足，就會怪罪某件事情或某個人。

☼ 一些個案歷史

現在讓我們來檢討一些個案，看看能否說明上述觀點，儘管這些個案內容不是為此目的而寫。第一個個案節錄自薛爾登（Sheldon）和伊琳諾・格魯克（Eleanor T. Glueck）合著的《五百宗犯罪故事（Five Hundred Criminal Careers）》一書裡的冷酷約翰（Hard-Boiled John）個案。約翰這個男孩描述他犯罪的起源。

「我從沒想過自己會犯罪。十五六歲之前，我跟其他小孩差不多。我喜歡體育，有一些運動愛好。我向圖書館借書看，有時候少年不識愁滋味強說愁一下，沒什麼特別可說的。之後我的父母不讓我上學，他們要我去做工，除了每星期給我五角錢以外，我的工資全被他們拿走。」

在這裡他是在控訴。假如我們問他和父母關係的問題，如果能夠了解他整個家庭狀況，我們就會發現他實際上有何經歷。目前我們只能從他的話裡，斷言出他與父母並未合作。

「工作約一年後，我迷上一個喜歡享樂揮霍的女孩。」

我們經常在罪犯的生涯裡發現這種情形：他們迷戀上揮霍無度的女孩。記得我們先前提過，這是一個合作程度的測試。他迷上一個喜歡享樂的女孩，但他每週只有五角零用錢。我們幾乎不能稱這叫愛情；而且，還有其他女孩。他未走上正軌。換做是我的話，我會對自己說：「如果她和我一起只是想揮霍，那麼她就不是我要的女孩。」這些是面對人生重要問題時不同的衡量。

你一個星期只有五角錢，你無法給一個女孩金錢揮霍，連帶她到鎮裡玩都做不到。家裡的老頭不會給更多的錢。你很生氣，心裡不停想著：如何能賺更多錢？

一般人會說：「或許你可以找一個可以賺更多錢的工作。」但他想要賺得輕鬆一點，如果他希望有個女朋友，也是為了自己的快樂，不為其他。

「有一天鎮上來了一個男人，我和他相熟起來。」

鎮上出現一個陌生人對他是另一項考驗。一個有正確合作能力的男孩不可能受人慫恿而墮落，但這個男孩卻選擇這條路。

「他是一個非常聰明的小偷，一個在偷竊這行裡非常有智慧、有能力的傢伙，他很懂得怎麼與你『分贓』，且絕不會讓你失望。我們在鎮上幹下不少案子都能全身而退，從此以後我就加入偷竊這一行。」

我們知道他父母住的房子是自己的。父親在一個工廠裡當工頭，全家收入只夠收支平衡。這個男孩是三個孩子裡的一個，在他開始偷竊前，其他家人從未做過不當行為。我很好奇相信犯罪和遺傳有關的科學家會怎麼解釋這個個案。這個男孩坦承他十五歲第一次有性經驗。我確定有些人會說他縱慾過度。但這個男孩對別人沒興趣，他只想追求自己的樂趣。每個人都可能縱慾過度。實際上他是以此方式來尋求讚美，他想做一個性英雄。

十六歲時他和一個同夥遭逮捕，被控以闖入民宅偷竊的罪名。接下來的一些細節描述確認了我們的猜測。他想讓自己看起來很成功，吸引女孩的注意，靠花錢來贏得她們。他戴一頂寬邊帽，結一條紅色三角領巾，腰上繫一條上面配左輪手槍的皮帶。他給自己取了一個美國西部野馬的名字。他是一個自負的男孩。他想要看起來像個英雄，但不知道其他方法。他直言不諱犯下的所有罪行：「還有更多。」他毫無顧忌別人有財產權。

「我不認為人生值得活此一遭。在人性裡，我除了卑鄙無恥外什麼都沒有。」

所有這些有意識的想法，實際上都是無意識的；他不了解它們實際上有何意義。他感覺生命是一個負擔，但他不了解自己為何如此沮喪的原因。

「我學會不要相信人，他們說竊賊不會彼此欺騙，但他們會。我曾經和一個傢伙一起作案，我公平待他；但他卻卑鄙待我。」

「如果我擁有想要的錢，我就會和其他人一樣誠實。也就是說，擁有足夠的錢讓我不用工作。我從沒喜歡過工作。我痛恨工作，如果可以，我永遠不想工作。」

我們可以把這席話做此詮釋：「壓抑讓我犯罪。我被迫壓抑我的慾望，所以我才會犯罪。」

這點值得我們深思。

「我從未為了想犯罪而犯罪。當然一定有某個「刺激」驅使你開車到某個地方，做下案子，然後揚長而去。」

「被捕前我已經擁有價值一萬四千塊錢的珠寶，但我太笨，為了去找女朋友，我拿出部分珠寶換現，結果才會被捕。」

這些人用錢換取女朋友的歡心，藉以輕易獲得一種勝利。他們把它當成真正的性凱旋。

「監獄設有學校，我要獲得所有我能夠得到的教育，不為改過自新，而是讓我變得對社會更危險。」

這表達出他對人類抱持相當惡毒的態度。他不想和其他人扯上關係。他說：「如果我有兒子，我會把他的脖子扭斷。你以為我會內疚自己幫這個世界帶來一條生命嗎？」

現在我們如何讓這麼一個人改過向善呢？除了改善他的合作能力，和讓他明白他錯估生命的意義之外，我們別無他法。唯有把他在童年裡產生的誤解追蹤出來，我們才能夠說服他相信。我不知道這個個案男孩後續發展如何？它裡面描述的內容，並未說出最關鍵的重點。他童年裡一定發生過什麼事件，導致他如此敵視人群。若要我推測，我會認為他是家裡的老大；一開始他獲得父母很多的注意和愛，但後來有另一個小孩出生，讓他感覺地位被搶走。假如我的推斷正確，你就會發現，即使像這樣的一件小事，都能阻礙小孩合作能力的發展。

之後約翰敘述他在監獄學校裡遭受粗暴的對待，於是他帶著一股更痛恨社會的感覺輟學。在這裡我不得不做些說明。站在個體心理學的觀點來看，施予嚴厲對待無異是對罪犯公開挑釁，是對他們力量的一種考驗。如此一來，當罪犯不停聽到人們說：「我們必須終止犯罪」的話時，他們把這話視同挑釁。他們想當英雄，樂見別人對他們施出鐵腕。他們感覺社會在挑戰他們持續為非作歹的膽氣，於是更具決心繼續作姦犯科。如果一個人感覺他在與全世界作戰，除了挑釁外還有什麼能更「刺激」他的呢？

問題兒童的教育也一樣，挑釁他們是我們犯下的最大錯誤之一。「我們來瞧瞧誰比較強吧！我們來比比誰能撐得比較久！」這些小孩就像罪犯一樣，沉醉在逞強鬥勇的感覺裡；他們知道只要夠聰明就能成功逃脫處罰。監獄和拘留中心的員工有時會挑釁罪犯，這是一個非常有害的措施。

現在讓我們來探討一宗殺人的個案，殺人犯已遭絞刑處死。他殘酷殺害兩個人，犯罪前他寫下殺人的意圖。這讓我有機會了解罪犯在策畫犯罪時抱持著什麼心態。沒人能未經事先策畫就逕自犯罪，策畫為犯罪行為提供辯解。我從未能在這類告白的文獻裡，找到一宗動機單純的犯罪案例，而且我從未找到一宗罪犯不為本人辯解的個案。

在這裡我們了解社會感的重要性；即使罪犯也必須先對它做一番自我調解。在此同時，他必須準備扼殺自我的社會感，在犯罪前摧毀社會感的圍牆。就與杜斯妥也夫斯基（Dostoyevsky）《罪與罰（Crime and Punishment）》書裡的主角拉斯可尼可夫（Raskolnikov）一樣，他在床上躺了兩個月，仔細思索自己該犯罪與否。他不斷要自己想著一個問題：「我是拿破崙，或一隻跳蚤呢？」罪犯自欺欺人，拿這類的幻想自我刺激。實際上，每一個罪犯都知道他沒有有用的生命，也明白一個有用生命的意義是什麼。不過由於怯懦，所以排斥它。他之所以怯懦是因為缺乏成為有用生命的能力。解決生命問題需要合作，但他從未接受過合作的訓練。年紀漸長後，罪犯想卸除掉他們的負擔，如我們解釋過的，他們為自己辯解，找一個可斟酌的情形為自己抗辯。

以下內容節錄自上述雙重殺人犯的日記：

「我被人群屏棄，我象徵醜陋和恥辱（他天生鼻子變形），我的悲慘讓我幾乎難以承受。再沒理由讓我繼續甘於忍受。我感覺自己再也承受不住。或許我能在被遺棄的狀況裡默默死去；但我的胃，我那空蕩的胃無法保持緘默。」

他在這裡為自己製造辯解。

他們預言說我會受絞刑處死，我忽然想起：「我飢餓致死或遭絞刑處死，又有何分別呢？」

在另一個個案裡，媽媽對她的兒子預言說：「我確定有一天你會把我勒死。」結果這個男孩在十七歲時勒死他的媽媽。預言和挑釁屬於同種行為。

日記繼續寫道：「我不在意結果如何。無論如何我都難逃一死。我什麼都不是，沒人會和我扯上關係。我喜歡的女孩一看到我就避之不及。」

他想要吸引這個女孩的注意，但他沒有光鮮的衣著，沒有錢。他把這個女孩視同一件財產，這是他解決愛和婚姻問題的方法。

「無論自我解救或自我毀滅，結果都一樣。」

在這裡我會說，雖然我希望有更多的解釋空間，所有這類人都喜歡走極端或做正反對照。他們就像小孩。若不是一切，就是一無所有，在兩個極端間選擇：「餓死或受絞刑處死，解救或毀滅」。

「一切計畫在星期四動手。受害者已選定。我在等待機會。當時機成熟，它會是件不是每個人都能做到的大事。」

他自以為是英雄：「可怕厲害至極，不是每個人都能做到。」他抽出一把刀，偷襲、殺害一個男人。「不是每個人都能做到！」

「飢餓的苦痛好比牧羊人驅趕他的羊群一般，驅趕人犯下最邪惡的罪行。也許我會看不見明天，但我不在意。這世上最糟糕的事情，就是遭飢餓凌虐。一種不治之症一直在吞噬著我。我最後的痛苦會在審判之時到來。一個人必須為他的罪行付出代價，但死總比捱餓好。如果我餓死，沒人會注意到我。如今人群會聚集在我的絞架台下，或許某個人會為我遺憾。我一定要執行我計畫要做的事情。從沒人能像我今夜這般恐懼。」

所以，他並不是他自以為是的英雄，他在內心交戰時說：「雖然我未直刺他的心臟，但我的確謀殺了他。我知道我注定要死在絞刑台上，但這個男人身上的衣著是如此華麗，我知道我永遠也穿不到那種衣裳。」他不再說飢餓是他的動機，現在動機已經變成衣服。他抗辯說：「我不知道自己在做什麼。」你總會找到這類說詞，無論它是哪一種形式。有時候罪犯在犯罪前會先喝得神智不清。所有的行為，不過證明他們要摧毀自己社會感的圍牆有多麼困難。我相信每一個罪犯的自述，都能證明我在這裡指出的觀點。

第九章之三
合作的重要性

現在讓我們回到先前提及的主題：每一個罪犯、每一個人類，都在努力求取勝利，達成優越的地位。然而，目標間有許多差異，我們發現罪犯的目標是在尋求一個他自以為是的優越。一個他努力不為別人做任何貢獻的目標。也就是他不合作。

一個罪犯的目標並不包括要對社會有用，對每一個罪犯來講，實際上這是意義最重大的一面。我們將在後面說明這點。在這裡我要強調，如果我們想要了解罪犯，首先必須找出他在合作方面失敗的程度，及何以失敗的原因。

罪犯合作的能力各有不同，有些人的失敗不如其他人嚴重。比如有些罪犯只輕型犯罪，他們不允許自己跨越重型犯罪的門檻。有些則偏愛重型犯罪。有些是犯罪主腦，有些只是跟從的嘍囉。若要了解罪犯在犯罪工作上的差異，我們必須檢視他們各自的生活風格。

☼人格，生活風格與三項工作

我們可以在一個人只有四或五歲時，看出他生活風格的主要特徵。因此，我們要改變一個人的生活風格並不容易。它代表一個人僅此唯一的人格；只有在一個人認清自己建立的錯誤後才能夠改變。所以，我們能夠開始了解，許多罪犯儘管多次遭受刑罰，卻繼續羞辱、藐視和剝奪社會裡的每一件好事，他們的作風和行徑不改，繼續一而再、再而三地犯相同的罪。

他們並不是礙於經濟壓力才犯罪。千真萬確地，如果國家經濟困難，人民生活困苦，犯罪率就會上升。統計資料顯示，有時候犯罪率隨著麥價上揚升高。然而，這並不保證所有犯罪皆和經濟狀況有關。它是許多人的行為受到限制的徵兆。他們的合作能力有一個限度，到達這個限度時他們就無法再貢獻，喪失最後僅存的一絲合作能力，於是開始犯罪。我們亦從其他事實裡發現，有許多人身處在有利狀況時就不會犯罪，但假如有一個問題發生，而他們尚未準備好面對時，就可能轉而犯罪。這是他們的生活風格，面對生命問題的方式，這點非常重要。

在所有的個體心理學研究後，至少我們能夠澄清非常簡單的一點。一個罪犯對別人沒興趣。他只有一定程度的合作能力。當他把自己的這份能力消耗殆盡，他就開始犯罪。當出現問題而他難以解決時，更會導致犯罪。思考一個罪犯無法成功解決哪些生命問題很有趣。畢竟，除了社會問題以外，我們一生並沒有其他問題；而唯有對他人有興趣，這些問題才能圓滿解決。

誠如在第一章裡簡短介紹過的，個體心理學教導我們把生命問題區分成三大類。首先是我們和他人關係的問題，也就是夥伴關係的問題。罪犯有時候有朋友，但只侷限於同類。他們能夠組黨結派，甚至表現出對另一個人的忠誠，但他們明顯縮小了活動的範圍。他們無法和大社會裡的人、正常人結成朋友。他們表現得像是住在陌生土地上的陌生人，不知道如何和其他人群自在相處。

第二類問題和工作有關。許多罪犯在被問及這些問題時回答說：「你不知道這裡的工作情況有多糟糕。」他們發現工作無趣，而且往往不像其他人那樣努力解決工作上的困難。一個有用的工作表示對其他人有興趣，對他們的福祉有一絲貢獻，不過這正是罪犯人格上缺乏的東西。這股欠缺合作的精神從小便已開始，所以大多數罪犯難以滿足工作上的要求。若回顧他們的生活，你會發現他們在上學時，甚至在上學前就有一道阻礙，阻擋了他們對別人感興趣，而不願和別人合作。合作這個東西必須藉由教育才學得會，這些罪犯從未接受合作訓練。因此，若他們解決不了工作的問題，我們不能怪罪他們。如果我們對他做這項要求，就像是給一個從未學過地理的人做地理考試一樣。在這種情況下，我們要不是收到錯誤的答案，就是沒有答案。

第三類問題包括所有和愛情有關的問題。一個良好和豐碩的愛情關係，需要雙方對彼此有興趣，並充分合作。觀察結果顯示，在監獄或拘留中心受刑的罪犯裡，有半數患有性病。這顯示他們想以輕鬆方式解決愛情問題。他們僅把伴侶當成一件財產，以為可以用錢買到愛情。對這種人來講，性不過是一種征服和獲得；性是他們用來擁有對方的方式，而不是一個終生關係的一部分。許多罪犯說：「如果獲得不了我想要的一切，人生又有什麼用處？」

面對生命問題卻欠缺合作精神導致最大的挫敗。我們每天無時無刻需要合作，我們說話、聆聽和觀看的方式，顯現出我們的合作能力。假如我的觀察正確，罪犯說話、聆聽、觀看的方式和其他人不同。他們有不同的語言，智能的發展多半因這個不同而出現殘障。我們說話是要讓每一個人都能了解。了解本身是一種社會功能；我們給予語言一個共同的詮釋，我們對語言的了解，正如同其他人對語言可能的了解。罪犯就不同了，他們有一種私人式邏輯與智慧；我們可由他們解釋犯罪的方式觀察出這點。他們不是愚笨或智障。假如我們給他們一個自以為優越的虛幻目標，大多數情況下，他們都能做出相當合理的結論。

一個罪犯可能說：「我看見一個男人穿著一條很好的褲子，而我一條好褲子都沒有，所以我必須殺了他。」如果我們同意他的說法，相信他的慾望最重要，他不需要以有用的方式謀生，那麼他的結論就很合理；但它卻不是常理能夠認同的。匈牙利法院最近有一件起訴數個女人連續用毒殺人的案例。其中一個女人說：「我的兒子生病又好吃懶做，所以我必須把他毒死。」如果她兒子拒絕合作，她能怎麼做？她很聰明，但她看待事情的方式不同，對生命的觀點不同。所以，我們能夠了解，看見漂亮東西，並想以輕鬆方式擁有的罪犯，會認為他們必須把這些東西由充滿敵意的世界，一個也沒興趣的世界裡取走。他們的苦難來自對生命的誤解，對自我和他人重要性的錯誤衡量。

第九章之四

合作的早期影響

☼ 家庭環境

有時候我們必須要父母負責。或許母親技巧不夠，無法讓小孩和她合作。或許她以為自己做母親的能力毫無懷疑餘地，沒人可以幫助她，或她本身無法和人合作。我們很容易由不快樂或破碎的婚姻裡，看出伴侶缺乏適當的合作精神。小孩首先和母親產生關係，也許母親不希望擴展小孩對社會，包括父親和其他小孩、大人產生興趣。

或者，小孩可能感覺他是家裡的中心；當他三或四歲時，有另一個小孩出生，排行老大的他感覺挫敗。他感覺地位被搶走；他拒絕和母親或弟妹合作。這些是所有我們需要思考的因素，假如追溯一個罪犯的成長背景，我們幾乎都會發現他在早期的家庭經驗，埋下日後惹麻煩的種子。問題不在家庭環境本身。小孩誤解他在家庭裡的狀況，但卻沒人在旁給他解釋，並釐清誤解。

家庭裡若有一個小孩特別蠻橫或聰敏，對其他小孩不利。這個小孩吸引父母大部分的注意力，使得其他小孩感覺沮喪和失敗。他們不合作，希望競爭，但卻沒有足夠勇氣付諸行動。我們經常遇到感覺自己相形見絀，但沒人在旁加以輔導，而發展不良的小孩。這些小孩長大後可能成為罪犯、神經症者或自殺。

一個小孩如果缺乏合作精神，我們能夠從他第一天上學的行為裡，觀察出他的這項短處。他無法和其他小孩做朋友。他不喜歡老師，不專心聽課。此外，如果他未得到老師的了解和體諒，可能又是另一個新的挫敗。假如他不是受到鼓勵和被教導合作，反而經常捱罵和受責備，難免會認為功課和上學較以往更無趣！如果他在學校勇氣和自信一直受打擊，就不會有興趣上學。我們經常發現罪犯約在十三歲時學業成績不好，而且總被老師說笨。這埋下他日後犯罪的種子。他逐漸對別人失去興趣，往生命無用的一面發展，變成反社會分子或不受歡迎的人物。

☼ 貧窮

貧窮也能讓人對生命產生誤解。一個來自貧苦家庭的小孩可能遭社會歧視。他的家庭遭受許多剝奪，他們有許多考驗和悲傷。他可能自小就必須外出工作幫助家計。之後他看到富裕人士生活舒適，有能力購買想要的東西，他感覺他們無權享受比他幸福的生活。我們不難了解大城市犯罪率為何如此之高，因為大城市明顯反映出赤貧和奢華兩個極端。忌妒永遠製造不出有用的結果，但身處這類狀況的小孩很容易產生誤解，以為不勞而獲取得金錢就能獲得優越。

☼ 生理缺陷

自卑感也可能縈繞著一個生理有殘障的小孩。這是我的發現之一；在這方面我感覺有點內疚，因為這等於是為神經病學和精神病學的遺傳理論鋪好道路。但在一開始，當我寫下器官劣等感（生理缺陷）和個體精神補償作用的觀點時，就已意識到這個危險。我們不能歸咎殘障本身，實際該負責的是我們的教育方式。如果我們的教育方式正確，生理有缺陷的小孩一樣能對自己和別人感興趣。一個背負身體殘障的小孩，只有在沒人在旁支持他、指導他發展對別人的興趣下，才會變得自我中心。

☼ 社會缺陷

罪犯裡有一大比例是孤兒，這似乎是在指控我們的文化並未給這些孤兒灌輸合作的精神。他們裡也有許多是非婚生子女。沒有人贏得他們的愛，也沒人教導他們去愛其他人類夥伴。棄兒經常走上犯罪之路，尤其是在他們知道並感覺沒有人要他們時。在罪犯裡，我們也經常發現長相醜陋的人，這個事實一直被用來做為犯罪和遺傳有關的證明。請想想一個長得難看的小孩心裡會有何感受！他的情況最為不利。也許他的父母基因組合剛好製造出他不討喜的外表，或他的長相剛好符合社會歧視的標準。如果一個小孩總聽到別人說他長得醜，這會妨礙他的一生：他並未擁有我們都如此珍視的東西——一個美好快樂的童年。但這些小孩只要獲得正確對待，就能發展出社會感。

然而，有些觀察很有趣，有時候我們會發現長相異常好看的罪犯。外形不討喜的罪犯，或許他們遺傳了實際的生理缺陷，比如手部變形或缺唇等，當他們可能是受遺傳之害才犯罪的同時，我們要如何解釋長相好看的人也會犯罪呢？實際上，他們也是在一個難以發展社會興趣的狀況下長大：他們是被寵壞的小孩。

第九章之五

解決犯罪問題的方法

我們能做什麼？這是問題所在。如果我的觀點正確，如果我們發現犯罪是由於個體缺乏社會興趣和未受合作訓練，為滿足自以為是的優越目標而起，我們能做什麼呢？對於罪犯及神經症者，答案除了能夠成功取得他們的合作外，我們別無其他解答。我不得不強烈強調這點：如果我們能使罪犯對人類福祉產生興趣，如果我們能讓他對別人感興趣，能訓練他合作，能讓他以合作的方式解決生命問題，我們就是成功的。如果不這麼做，我們別無他途。

如今我們明白處理犯罪問題該由何處開始著手。我們必須訓練罪犯合作。只把他們關在監獄裡達成不了多少效果，但釋放他們對社會太危險，而且在目前情況下，我們甚至連想也不敢想這個方法。社會必須受到保護，但這不是唯一的方法。我們亦必須思考：「他們尚未準備好社會生活；我們該如何幫助他們？」

這個工作做起來並不像聽起來那麼簡單直接。無論善待或虐待他們，我們都不能贏得他們的合作。指出他們錯在哪裡並和他們大肆爭論，我們也得不到他們的合作。他們的心態已經根深蒂固。他們以這種方式看待世界已行之有年。如果要讓一個罪犯改變，我們必須找出造成他觀念的根源。我們必須找出他開始失敗的地方和誘發他的狀況。人格的主要特徵在四或五歲時便已建立完成：那時他對自我和世界評估上的錯誤就已形成，直到他犯罪才顯現出來；我們必須了解和糾正的，就是他這些早期的錯誤。我們必須找出他看待生命態度的第一個發展。

之後，他把每一個經驗轉變為這個態度的辯解；如果他的經驗不是相當符合計畫，他就加以想像和塑造，直到它們較有修正餘地為止。如果一個人對生命的態度是：「其他人羞辱我，惡劣對待我」，他就會找許多證據確認這個觀點。他會找尋證明他的觀點正確的事件，忽視所有相反的證據。一個罪犯只對自己和自己的看法有興趣。他有自己觀看和聆聽的方式，經常對不同於他的生命詮釋的事情視若無睹。因此，除非能挖掘出所有他對自己看法的形成原因，及找出他首先開始這個態度的方式，不然就無法說服他。

☼ 體罰的缺失

體罰只會使得罪犯更相信社會與他為敵，所以發揮不了任何功效。他未受過合作訓練，所以工作上表現差勁，或在班上調皮搗蛋。接著他遭受責罵和懲罰。這樣能激勵他合作嗎？他只會比以往更絕望，感覺人們與他作對。當然他會痛恨上學。畢竟沒有人喜歡只會遭受責罵和懲罰的場所吧？

小孩喪失每一絲自信。他對學校功課、老師或同學沒興趣。他開始翹課，躲藏在沒人找得到的地方。他在這些地方找到和他經歷相同的其他小孩。他們了解他，不會責罵他。相反地，他們誇讚他、煽動他的野心，使他興起以反社會的方式出人頭地的希望。當然，他對社會要求沒興趣，他把他們當成朋友，把社會視同他的敵人。這些人喜歡他，和他們在一起他感覺舒服些。如此一來，數以千計的小孩加入犯罪黨派，之後我們若以相同方式對待他們，只會加深他們認為我們是敵人，罪犯才是他們朋友的信念。

我們應該永遠不讓他失去希望，只要我們建議學校給予這種小孩鼓勵，並協助他們恢復自信，就能輕易防止上述情況發生。稍後我們會更詳細介紹這個建議：目前我們只把它用來說明一個罪犯會把懲罰當成社會與他作對的徵兆，和他一向想的一樣。

體罰所以無效還有其他原因。許多罪犯並不重視他們的生命價值。有些人瀕臨自殺邊緣，體罰甚至死刑對他們一點也不可怕。他們深深執迷於凌駕警察的慾望，甚至感覺不到疼痛。這是他們面對挑釁時整體回應的一部分。如果獄卒對罪犯嚴厲以待，或受到嚴苛的待遇，他們就更加奮發抵抗。這更增強他們聰明過警察的感覺。

如我們了解的，他們以此方式詮釋一切。把和社會接觸視同一場不停爭取自我優越的戰事，如果我們捲入這場戰爭，只會被他們玩弄於股掌。即使電椅也可能變成他們的挑戰。罪犯自欺欺人，他們好像在與可怕的事情抗戰。懲罰程度越高，他們爭取優越的慾望越高。一個死刑犯坐上電椅受刑前，經常會花幾小時思索自己如何可能不被捕：「如果我不回去找眼鏡就好了。」

☼ 合作訓練

我們已指出小孩沒理由應該感覺挫敗、有沉重的自卑感、及認為合作毫無用處。沒人需要被生命的問題打敗，一個罪犯用錯誤的方式處理這些問題；我們必須找出他為何做錯誤選擇和錯在哪裡，而且我們必須鼓勵他鼓起勇氣，對別人產生興趣和合作。假如這項計畫在各處實行，罪犯自我辯解的理由就會消失，也沒有小孩會訓練自己在未來犯罪。在所有的犯罪個案裡，無論他們的描述正確與否，我們都能夠看到罪犯深受童年錯誤的生活風格，也顯示出被缺乏合作能力的哲學所影響。

我們必須學習這個合作能力，無庸置疑地，它必須像遺傳基因代代相傳。每個人都有合作潛能，這份潛能必須視為與生俱來，也必須訓練和練習才得以發展。對我而言，其他所有有關犯罪的觀點純屬無稽之談，除非有證據顯示接受合作訓練的人依然犯罪。我從沒遇過這樣的人，也從沒聽說有人遇過。適當防範犯罪就是要發展適當的合作程度。如果沒認清這一點，我們就無法避免犯罪悲劇的發生。

教導合作的價值和教導地理知識一樣，因為它們都是真理，我們能夠傳授真理。如果一個小孩，或一個大人要地理考試，但他卻尚未準備好，那麼他一定不及格。如果一個小孩，或一個大人面對考驗，通過這道考驗需要有合作的知識，但他尚未準備好合作，那麼他必定失敗。若要解決人生所有的問題，我們需要合作的知識。

對犯罪問題進行的科學研究來到尾聲，現在我們必須有足夠勇氣面對這個真理。幾千年來，人類尚未找到解決犯罪問題的正確方式。所有使用過的措施似乎都無效，犯罪這個災禍依然緊隨我們。我們的研究也已告訴我們原因：我們從未採取正確步驟改變罪犯的生活風格，防止他們錯誤人生態度的發展。若缺乏這些，沒有一個方法能夠實際有效。因此，我們知道必須怎麼做：我們必須訓練罪犯合作。

我們擁有知識，現在也有了經驗，我深信個體心理學告訴我們如何讓每一個罪犯改過自新。

但思考一下，要處理每一個罪犯，並以此方式轉變他們的生活風格，這個工程是何等巨大啊！很不幸，在我們的文化裡，大多數人在困難超過某一限度時，合作的能力便已消耗殆盡，而且我們發現在時機艱難時，犯罪的人數往往就跟著增加。因此，我相信若要以此方式澈底杜絕犯罪，就必須教育絕大部分的人類，而且若以為藉此方式，就能對每一個罪犯或可能的罪犯，產生立竿見影的效果，以為他們馬上會變成社會裡有用的一分子，這種想法並不實際。

☼ 一些實用方法

然而，還有許多我們能做的事情。我們可能矯正不了每一個罪犯，但我們能夠減輕那些不夠堅強之人的包袱。拿失業和缺乏工作技能的人為例，我們應該讓每一個想工作的人都有工作做。這是唯一能讓人明瞭我們的社會對生命有何要求的方式，如此一來才能保障大部分人，不讓他們喪失僅存的最後一絲合作能力。如果我們做到這點，犯罪人數一定會減少。我不知道改善我們經濟狀況的時機成熟與否，但一定要為這個改變努力。

我們也應該訓練小孩，讓他們未來面對工作時有更佳的準備，如此他們就能夠準備好面對人生，有更廣泛的工作選擇。我們也能夠在監獄進行這種訓練。目前監獄已朝此方向進行部分訓練，我們需要做的就是努力加強，另外，若能對他們進行團體教育會有極大助益。舉例而言，我會建議應該把幾個罪犯編成一個小團體，讓他們針對社會問題進行團體討論，思考和回答。我們應該啟發他們，把他們由幻夢裡喚醒；我們應該消除自以為是的生命詮釋，及貶低自我能力對他們造成的有毒影響。我們應該教導他們不要自我設限。撫平他們面對狀況和社會問題的恐懼。我非常確定藉由這些方式，就能達成極大的效果。

我們也應該避免在社會產生任何足以引誘罪犯的誘惑。社會裡赤貧和奢華過於明顯，可能激怒貧窮人士並激起他們的忌妒心。因此，我們應該削減社會虛飾的外表：一個人不需要炫耀自己的財富。

我們已經了解嚴苛對低能兒童和流氓小孩而言，等於是在挑釁他們的力量，所以毫無成效可言。他們以為自己在和環境作戰，以一種負面和悲觀的態度頑強抵抗。對罪犯道理亦同。放眼全世界，我們能夠看到警察、法官，甚至我們制定的法律在挑釁罪犯，把他們加以手鐐腳銬關入監獄。罪犯永遠不該受威脅，若我們更謹慎，不提及罪犯的名字，或不給他們如此大肆宣傳會更好。我們對犯罪的態度是錯誤的。我們不該相信嚴苛或仁慈待遇能改變罪犯。一個罪犯只有在更了解自己後才能改變。當然我們應該秉持人道，不該以為死刑能讓罪犯心生戒懼。如我們所了解，死刑只會提昇罪犯玩遊戲的興奮度，甚至死刑犯在被處決時，他們心裡也只認為自己所犯下的致命錯誤就是被捕。

就我的了解，至少有四〇%的罪犯，或許更多，成功逃脫被抓的命運，每一個罪犯心裡總想著如何不被抓。幾乎每個罪犯都有犯罪但未被查獲的經驗。我們在這方面也已取得部分進展，正朝正確方向前進。我們不該羞辱、挑釁監獄囚犯，或出獄後的罪犯也很重要。如果派任適當人選，加強假釋官隊伍也會有幫助；假釋官本身應該要了解社會問題和合作的重要性。

☼ 一個預防措施

如果上述建議皆獲得採納和實施，就能收到極大成效。然而，減低的犯罪人數依然可能不如預期。幸好我們還有另一項建議，這套方法非常實用。假如能夠訓練我們的小孩正確的合作，如果能夠發展他們的社會興趣，犯罪人數便能大幅減少，而且我們在不久的未來就能看見成效。這些小孩不會受慫恿或誘惑去犯罪。無論他們遭遇什麼麻煩，對別人的興趣都不會遭澈底摧毀：和我們這一代相比，他們合作與適當解決生命問題的能力，會獲得更充分的發展。

大多數罪犯很小就已開始犯罪。大致上，他們的犯罪是在青春期開始的，其中又以十五至二十八歲年齡層犯罪率最高。所以，我們很快就能看到成功。此外，我相信如果小孩獲得正確教育，他們會影響整個家庭生活。獨立、勇敢、樂觀和良好發展的小孩，是父母的得力助手和安慰。合作精神會傳遍整個世界，人類社會的發展會往更高層次提昇。在我們影響小孩的同時，也應該要全力影響老師和父母。

如今唯一剩下的問題是，我們如何選擇最佳攻擊點，要採取什麼方式，教導小孩勇敢面對一生可能遭遇到的工作和問題。我們能教育和訓練全天下的父母嗎？不可能！這個措施不能給我們多少冀望。我們難以接觸到父母，而且最需要教育和訓練的父母我們往往看不見；所以我們必須找尋另一個方式。或許我們可以抓來全天下的小孩，把他們關起來隨時監督和小心保護？這個建議似乎也好不到哪去。

然而，有一個實用和絕對有效的方法。我們能夠讓老師來促進社會的進步。我們能夠訓練老師矯正家庭的錯誤，發展並擴展小孩的社會興趣和關心別人的幸福。這是學校所扮演角色的完全、自然的發展。由於家庭無法提供小孩面對日後生命問題所需的全部教育，所以人類才會建立學校做為家庭的延伸。因此，何不利用學校，教育人類更具社會性、更合作，對人類共同福祉更有興趣呢？

我們的活動必須根據以下想法進行。我將對它們做簡短說明。所有我們在文化裡享受到的好處，都是前人努力貢獻的結果。如果個體未合作，對他人沒興趣，未對人類全體做出任何貢獻，他們的生命便毫無價值、毫無用處，他們由地球表面消失，未留下任何痕跡。只有那些有貢獻的作品留存下來。他們的精神長存，永恆不朽。如果我們用這個作為教育小孩的基礎，他們在成長的過程裡會出自自然地喜歡合作，遭遇困難時不會脆弱，連最艱難的問題都能堅強面對，並以一種能夠裨益社會的方式，把問題加以解決和克服。

WHAT LIFE COULD MEAN TO YOU

【第十章】
工作問題

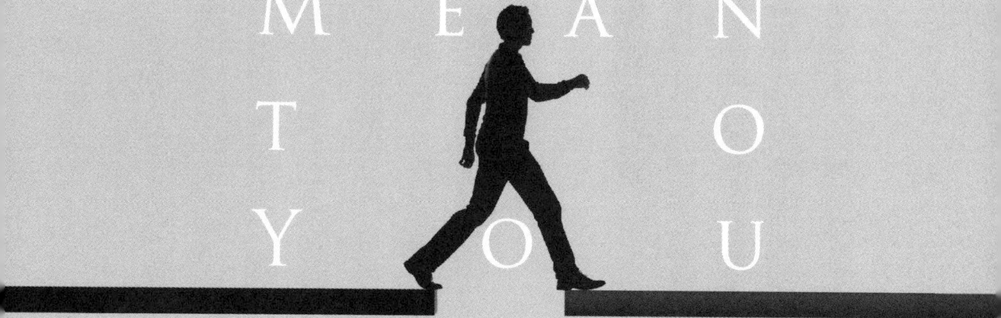

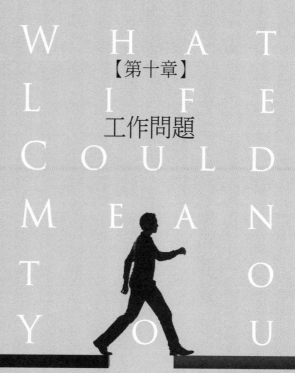

第十章之一

平衡生命的三項工作

圍繞人類的三個限制提出了三個生命問題，這些問題沒有一個能獨立解決。要解決任何一個，都會與另外兩個問題扯上關係。第一個限制，涉及工作問題。我們同住在地球上，用它所有的資源、肥沃的土壤、礦產和它的氣候和大氣層。幫這些問題找出正確答案是人類一直以來的工作，儘管到了今天，也還不能確定已找到滿意的解答。在每一個時代裡，人類解決這些問題只到某種程度，我們總還有進一步改善和達成更好成就的空間。

解決第一個問題，也就是工作問題的最佳方式，源自第二個問題，也就是社會問題的解決方法。第二個圍繞我們的限制，指出我們同屬人類，我們的生活有必要和他人發生關係。總必須考慮其他人，適應生活裡有他人存在，並讓我們自己對他們發生興趣。解決這個問題的最佳方式是友誼、社會感和合作。有了解決第二個問題的方法後，就能成功找到解決第一個問題的方法。

人類由於懂得合作，才能有「分工」這個大發現，一個人類福祉獲得保障的發現。如果每一個個體在地球上獨力奮戰，不利用合作和前人合作所留下的成果，生命就不可能延續。透過分工合作，我們能夠利用許多不同訓練的成果，組織許多不同的能力，它們能對人類共同福祉貢獻，在紓解人類不安全感的同時，亦增加社會所有成員的機會。但我們的確未能宣稱我們業已達成能夠完成的一切，我們也不能說我們的分工合作已充分發展。況且，每一個解決工作問題的方法必須在人類分工合作，及分享貢獻的架構裡進行。

有些人試圖逃避工作問題，企圖不工作或忙碌於人類通常興趣以外的領域裡。然而，我們總會發現，如果他們迴避這個問題，實際上等於不斷要求同伴給他支援。無論如何，他們將依靠其他人的勞動生活，自己並未做出一絲一毫的貢獻。這就是被寵壞小孩的生活風格：只要有一個問題發生，他就要求其他人努力幫他解決；被寵壞小孩最妨礙人類合作，並把不公平的負擔丟給努力解決生命問題的人承擔。

第三個限制是，我們只能夠是男性或女性。我們延續人類生命的工作，完全依靠性別角色來達成。這個兩性關係也代表一個問題，好比生命的其他問題，絕不可能單獨解決得了。若要成功解決愛和婚姻的問題，那麼擁有一個能貢獻社會福祉的工作，和他人保持良好、友善的接觸就絕對必要。如我們已經了解的，解決這個問題最令人滿意、最能滿足社會需求和分工合作的方式，就是一夫一妻制。

這三個問題從不單獨發生；他們互相影響，一個問題獲得解決，就協助另一個問題的克服。其實那是同一狀況和問題的不同面——一個人在他的環境裡生存和延續生命絕對必須面對的問題。

有時候一個人用工作來做為逃避社會與愛的藉口。在社會裡，常有人用工作很忙做理由逃避愛和婚姻的問題。有時候，工作被用來做為婚姻失敗的藉口。一個有工作狂的男人認為：「我沒多餘時間給婚姻，所以婚姻不快樂我不用負責。」神經症者更會逃避社會和愛的問題。他們根本不去接近異性，對其他人不感興趣，但他們不分晝夜忙於工作。他們以想像、睡夢來解決問題。他們拚命工作，陷入高壓力狀態，神經症症狀在大壓力下浮現出來，比如胃痛或其他類似的毛病。接著他們拿胃痛作為迴避社會和愛的藉口。有人則總是不停換工作，以為另一個工作比較適合他，事實是他無法堅守同一個工作崗位，他必須一直換工作。

第十章之二
早期訓練

☼ 家庭與學校的影響

母親首先影響子女工作興趣的發展。小孩頭四或五歲裡的教育和訓練，對他日後長大後要從事的活動，具有決定性影響。如果有人找我做職業輔導，我會先問清楚他在四或五歲時最有興趣的活動是什麼。他在這個期間裡的記憶顯現出他持續接受的訓練：它們顯示出他的理想、思想和活動調和。稍後我們會再來探討初始記憶的重要性。

學校負責下一步的訓練工作，目前我們的學校更加注意學生未來的工作生涯，訓練學生的手、耳和眼，還有他們的才能。這類訓練和學術科目教育一樣重要。然而，我們不該忘記學術科目教育，對小孩的生涯發展也很重要。雖然我們經常聽人說，他們把學校學的拉丁文或法文給忘光；但教育這些科目依然是正確的。根據以往累積的經驗發現，學習所有這些科目，是一個訓練心靈功能的絕佳方式。有些現代學校也非常注意學生技藝和工藝教育，以此方式能夠開闊一個小孩的經驗，加強他的自信心。

☼ 修正潛在錯誤

有些人做過許多不同行業，但從未滿意過任何工作。他們要的不是事業，而是一個能夠輕鬆獲得自我優越的保證。他們不想面對生命問題，覺得人生有問題是件很不公平的事。他們是要求別人支持的被寵壞小孩。

有些小孩從不希望居於領導地位。他們主要的興趣是尋找一個他們尊敬的領袖，另一個他們能夠臣服於下的小孩或大人。這不是對小孩有利的發展，如果能夠抑止小孩這種順從傾向最好。假如我們未能在童年時期及時矯正，這種小孩在長大後會無法扮演領導角色，他們會選擇從事最無足輕重的職位，每天做日常工作，天天照章行事。

逃避工作，心不在焉或懶散，這些錯誤的工作態度也是在童年早期就已開始。當我們看到這種小孩時，必須以科學方式找出犯錯的原因，並嘗試以科學方法來糾正他。假如我們住在一個不須工作，就能獲得一切的星球上，那麼或許懶散就變成一種美德，勤勞反而是一種惡習。但就我們的了解，答案是我們應該工作、合作和貢獻。人類一直有這個直覺，現在我們能夠由科學角度更了解它的必要性。

☼ 天才與早期努力

資料證明，天才自童年時期便開始了早期訓練，我相信有關天才的疑問能夠說明這整個主題。只有對人類福祉有偉大貢獻的人才叫天才。我們無法想像一個天才死後卻未留給人類任何益處。藝術是所有個體通力合作的產品，人類史上最偉大的天才，提昇了整個文化的層次。

荷馬在他的史詩裡提及，世界只有三個顏色，這三個顏色構成所有影像和色調。是誰教我們欣賞周遭所有的色彩呢？我們必須承認，是藝術家和畫家的作品。作曲家精練我們的聽力，現在我們懂得以和諧的音調，取代祖先粗糙的唱腔，這是音樂家貢獻的結果；是他們豐富了我們的心靈，教導、訓練我們的耳朵和聲音。是誰加深我們的感覺，教導我們更清楚表達、更充分了解它們呢？是那些詩人。他們豐富了我們的語言，讓語言更靈活，並把它用在生命所有的目的上。

天才是人類裡最充分合作的一群人無庸置疑。他們在某方面的行為和態度裡，或許看不出他們合作的能力，但我們能夠由他們的一生清楚看到合作。他們的合作不像其他人那麼容易，因為他們選擇一條艱難的道路，必須抗拒無數的障礙。

我們發現大部分傑出人士都有一些生理缺陷，但他們從小就努力奮鬥，並克服障礙。最清楚的事情莫過於他們的興趣很小就已經開始，在整個童年裡賣力自我訓練。他們訓練自己的知覺更為敏銳，讓他們能夠接觸世界的問題，並了解它們。由這個早期訓練，我們能夠歸納他們的技藝和天才，是自己的創作，不是天生或遺傳而來的天分。由於他們的努力，之後我們才得以享有他們留下的成果。

☼ 天分的培養

早期努力為日後成功打下最佳基礎。假設有一個三或四歲的小女孩獨自玩耍，她開始幫她的娃娃縫製一頂帽子。之後我們告訴她這頂小帽非常漂亮，並指導她能夠把帽子做的更漂亮的方法，這個小女孩一定會因此大受激勵。她會加倍努力改善她的技巧。但如果我們和這個女孩說：「把那根針放下，妳會刺傷自己。妳根本沒必要做帽子，我們出去幫妳買一頂更漂亮的帽子回來。」那麼她就會放棄掉所有努力。如果後來我們拿這兩個女孩做比較，我們會發現第一個女孩發展了她的藝術品味，非常有興趣工作；第二個女孩不知道自己該做什麼，她會認為她能買到比自製更好的東西。

第十章之三

辨識孩童的興趣

☼ 童年時期的志願

一個小孩若知道長大後想做什麼，他的發展就簡單得多。如果我們問小孩志願是什麼，他們都會有答案。不過，回答通常未經過仔細思考，當他們回答想做飛機駕駛員或司機時，並不知道自己為何選擇這個職業。我們的責任是分辨他們底下的動機，了解他們努力的方向，找出推動的原因，他們有什麼目標及志願如何實現。他們回答未來志願的答案告訴我們，似乎只有這個職業能夠代表優越；我們能夠由這個職業，辨識出其他能夠幫他們達成目標的機會。

一個小孩到了十二或十四歲後，應該更清楚未來想從事哪一個工作，每次聽到小孩到了這個年齡還不知道長大後希望做什麼，總讓我感到非常遺憾。他明顯缺乏抱負並不表示他對什麼都沒興趣。他可能野心大得離譜，但卻不夠有勇氣說出來。在這種情形下，我們必須努力找出他的主要興趣和訓練。有些小孩十六歲高中畢業後，依然懵懂不知未來要做什麼。他們經常是學校裡聰敏的學生，但對未來的人生毫無頭緒。我們可以認定這些小孩非常有野心，但實際上並不合作。

他們尚未找到在人類分工合作裡所扮演的角色，他們找不到能幫助他們及時實現抱負的實際方式。

因此，問小孩未來有什麼志願很有幫助，我經常在課堂上問小孩這個問題，如此一來小孩就必須思考，他們不能不回答或試圖隱藏答案。我還問他們選擇這個職業的原因，他們的回答經常透露許多資訊。我們可由小孩未來想選擇什麼職業的答案裡，觀察出他整個的生活風格。他告訴我們他所有努力的主要方向，及生命裡什麼對他最有價值。我們必須尊重他的選擇，絕不能灌輸他什麼工作較高級或較低級的觀念。因為如果他長大後實際上在工作，花時間為他人的幸福貢獻，那麼不管從事哪一種工作，他和其他任何人一樣有用和重要。他唯一的工作是訓練自己，在分工合作的架構裡追求他的興趣。

有可能絕大多數的成年男性或女性，他們的興趣依然與四或五歲時一樣，他們忘不了這項興趣，但後來囿於經濟考量或父母的壓力，他們不得不選擇一個不感興趣的工作。這再次說明了童年時期的影響和重要性。

☼ 早期記憶

在做職業輔導時，應該小心把初始記憶考慮在內。如果由一個人的第一個記憶裡，明顯看到視覺性興趣最能吸引他的注意，那麼我們就能夠歸納說，他更適合從事使用眼睛的工作。一個人可能提及的第一個記憶，是他記得有人和他說話，他聽到風聲或鈴鐺叮噹的響聲。我們會認定他屬於聽覺類型，和音樂有關的工作可能比較適合他。有些人的第一個記憶和動作有關。這些人需要更多活動；或許他們對較動態、需要較多體力勞動或旅行的工作比較有興趣。

☼ 遊戲活動

我們經常可以透過觀察小孩玩遊戲的活動，看出他們長大後要做什麼。許多小孩在遊戲時顯示出他們對機械或技術最有興趣，如果未來能夠依此興趣發展，他們就能非常成功。小孩的遊戲能夠幫助我們洞察出他們的興趣所在。比如一個小孩希望長大後當老師，有時候我們看到他聚集年紀比他小的小孩，玩起學校裡老師教學生的遊戲。

一個盼望長大後當媽媽的小女孩愛玩娃娃，她對照顧嬰兒的遊戲最有興趣。我們不應該阻止她玩這個扮演母親的遊戲，不需要害怕給小女孩娃娃玩。有些人覺得，如果給小女孩娃娃玩，會造成她們和現實脫節，但其實她們是在訓練自己認識、完成母親的工作。從小開始這個過程非常重要，不然她們的興趣可能轉往其他方面發展。

再次強調，我們從未高估過女性透過做母親這個工作為人類貢獻的價值。如果一個母親關心子女的生活，她會幫他們的未來鋪路，讓他們長大後成為對社會有用、有貢獻的人，假如她擴展子女的興趣，訓練他們合作，那麼，她的工作價值我們難以衡量。在人類的文化裡，母親的工作遭低估，它經常被視為微不足道或毫無價值的工作。它只獲得間接報酬，而一個在家專職帶小孩的母親，一般被視為經濟上的依賴者。然而，一個家庭的成功取決於母親和父親工作的平等。無論母親專職持家或外出工作，身為母親的工作就和丈夫的工作一樣重要。

☼ 生涯抉擇的一些影響

尚未做好心理準備就面對疾病或死亡的小孩，會持續對這兩件事情特別感興趣。他們會希望長大後成為醫師、護士或化學家。我相信他們的努力應該獲得激勵，因為我發現自小便立志當醫師的醫生，他們從小就開始訓練自己，而且非常喜歡自己的醫師工作。有時候，一個突然面對死亡震撼的小孩，能夠以另一種方式補救創傷。這個小孩會發下宏願，透過藝術或文學創作超越死亡，或他可能變成虔誠的信徒。

小孩最常見的努力，是企圖超越家裡的其他人，特別是超越父親或母親。這種努力是非常珍貴的；我們樂見新世代的成就超越父執輩，如果一個小孩希望長大後從事和父親相同的工作，並希望取得比父親更高的成就，那麼父親的經驗就能提供他借鏡，讓他有個絕佳的開始。一個父親當警察的小孩，經常立志當律師或法官。假如父親在醫院任職，這個小孩就會想當醫師或外科醫生。如果爸爸是老師，這個小孩會想當大學教授。

如果家庭生活過度強調金錢的價值，小孩往往會誤以為工作的目的純粹就是為了賺錢。這是個極大的錯誤，這樣的小孩長大後不會去找興趣相投，並對人類有貢獻的工作。每個人的確應該工作維生；確實也有人忽視這點，成為別人的負擔。但一個小孩若只對賺錢有興趣，很容易就脫離合作的軌道，只找尋對他最為有利的賺錢方式。

如果「賺錢」是他唯一的生活風格，他沒有一點社會興趣，那麼為何不該靠搶劫和詐騙賺錢呢？就算不這麼極端，但他對社會的興趣依然只有一丁點，即使賺了許多錢，他的一切活動也沒對社會做出任何貢獻。在我們這個複雜的時代裡，人有可能靠這種途徑致富。

有時候，靠錯誤途徑致富的人，在某方面上還被視為成功人士。我們無法保證一個以正確態度看待生命的個體就能立即成功，但我們能保證，他將繼續保有勇氣和毅力，絕不會喪失他的自尊。

☼ 正視解決方法

處理問題兒童所採取的第一個步驟，是找出他們的主要興趣。透過這個過程，比較容易幫助和鼓勵小孩。至於找不到工作方向的年輕人，或年紀較大、工作屢屢失敗的人，我們應該找出他們真正的興趣，作為輔導就業的基礎，同時努力幫他們找到工作。這個工作並不一定容易。今日的高失業率是我們最憂心的事情。這個狀況對有心改善合作能力的人並不樂觀。因此，我相信每一個了解合作重要性的人，應該致力確保沒有人會失業，每個想要工作的人都能找到工作做。

我們可以透過加強職業訓練，增設技術學校和成人教育改善。許多失業人士沒有專業訓練和技能。或許他們有一些人曾經對社會有過一點點興趣。社會裡有未受專業訓練的成員，及對人類共同福祉沒興趣的人，這是人類的一大負擔。這些人感覺自己毫無價值，因此我們可以了解，沒有專業訓練和缺乏專業技能的人，構成很大比例的罪犯、神經症者和自殺者。由於缺乏訓練，他們被其他人遠拋在後。全天下的父母和老師，及所有關心人類發展和進步的人，應該努力確保我們的小孩獲得更好的訓練，讓每個人都能成為人類分工合作裡特別的一員。

WHAT LIFE COULD MEAN TO YOU

【第十一章】

個體與社會

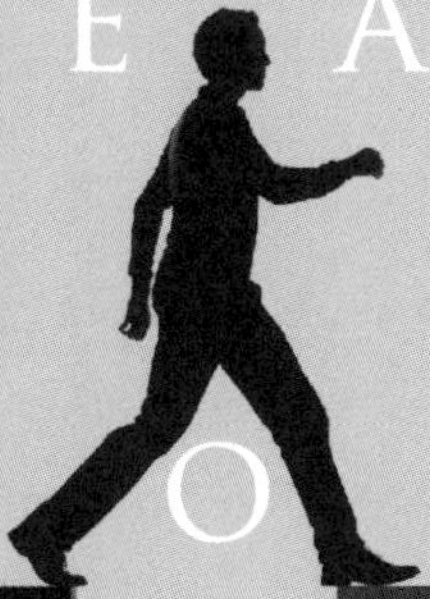

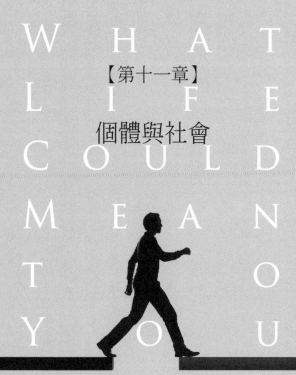

第十一章之一

人類追求和諧

成為人群的一員，是人類最古老的追求。人類對其他人有興趣，才得以成長和進步。家庭是要對他人有興趣的必要組織，自有歷史以來，人類以家庭為單位，聚集成群的傾向一直延續不斷。原始部族利用共同記號團結一致，產生彼此同屬一族的歸屬感，記號的目的在促使人類以合作的方式團結和統一。

宗教信仰的角色

膜拜圖騰是最簡單、原始的宗教信仰。一群人膜拜蜥蜴，另一群人可能膜拜公牛或蛇。膜拜相同圖騰的人聚居成群，聚落每一個成員認為自己是其他成員的兄弟。這些原始習慣是人類保持合作的最偉大方式。在這些原始宗教信仰的慶典裡，以膜拜蜥蜴的人為例，他們會加入同伴，討論豐收和如何抵禦野生動物。這就是慶典的意義所在。

婚姻被視為涉及全體部族利益的大事。每個男性必須根據社會限制，由所屬部族或圖騰以外的社會找尋伴侶。即使到了今天，認清愛和婚姻不是個人的事，而是全體人類應該全心全意參與的共同工作，這件事依然很重要。婚姻涉及一定的責任，因為它是應社會要求的一個步驟，整體社會關切健康的小孩出生，而且他們應該在有合作精神的環境下長大。因此，全體人類應該支持每一樁婚姻。原始社會的體制，他們的圖騰和為控制婚姻所精心安排的聚會，如今對我們來說可能很荒謬可笑，但在那個時代，這些活動的重要性絕不容低估；而它們真正的目的是在增進人類的合作。

「敦親睦鄰」是宗教信仰致力推展的最重要工作。在這裡我們再度以另外一種形式，為增進對人類同伴的興趣繼續努力。這也很有趣，因為現在我們能夠以科學觀點確認這個努力的價值。被寵壞小孩問道：「為何我該愛我的同胞？我的同胞愛我嗎？」這顯示他缺乏合作訓練，而且他只對自己有興趣。一生有最大困難和對他人造成最大傷害的，就是那些對同胞沒興趣的人。就是這些人導致所有人類的失敗。有許多宗教信仰和政治團體，率先以自己的方式增進人類的合作；我個人則認同每個人應該把合作，當作努力的最終目標。人類不需要互相抗爭、攻擊和輕視。沒人天生擁有絕對的真理，通往合作這個終極目標有許多途徑。

☼ 政治和社會運動

我們知道，即使最佳的方式都可能遭政治濫用，一個人若不能帶起合作，即使透過政治，他依然一事無成。每一個政治家必須把增進人類福祉視為己任；這表示他必須帶動人類更高度的合作。我們經常沒有能力判斷哪個政治家或哪個政黨，能夠真正促進人類的進步。每一個人根據自己的生活風格做判斷。但假如一個政黨能讓人在它的圈子裡快樂合作，我們就沒理由反對。社會運動也一樣。如果參與運動的人，目的是在促進小孩長大成為社會真正有用的一分子，增進他們的社會感，這些運動就可以嘗試影響，並改變法律到最好的程度：我們不應該否定大家的努力。階級運動也是一種群體運動，只要它的目的在促進人類進步，我們就不應該排斥。

因此，對於所有的政治和社會運動，我們只以它們的目的是否在增進人類福祉，作為評斷的基礎，促進合作的方式有許多，或許有些方式較好，但只要它們是以合作為目標，攻詰任何基礎可能不是最好的方式，對我們也毫無用處。

第十一章之二

缺乏社會興趣與參與感

我們必須探討的問題是，人類僅以自我興趣為動機的態度。這種態度是個體和社會進步的最大障礙。唯有對同胞保持興趣，我們的能力才得以發展。我們所有說話、閱讀和書寫的活動，都和其他人脫離不了關係。語言是人類共同的溝通工具；是社會興趣的產物。了解是一種分享，不是一種私人功能。了解表示每個人都能以分享的方式理解，它是我們透過共同媒介和他人接觸，並遵從全體人類的共同經驗。

☼ 自我興趣

有些人追求自我的利益和優越。他們賦予生命一個私我的意義；在他們的觀念裡，生命只應該為維護自我的利益而存在。然而，這不是一個能夠與人分享的了解；它是全世界沒有其他人能夠分享的想法。因此，我們發現這種人無法和其他人合作。我們經常看見一個自我中心的小孩，他的臉上掛著鬼祟或茫然若失的表情，而我們經常在罪犯或精神病人的臉上看到類似的表情。他們的眼神顯示出他們對別人漠不關心。他們看待世界的方式和別人截然不同。有時候這種小孩或大人甚至連其他人也不看一眼；他們會移開眼光去看其他東西。

☼ 精神失常

許多神經症症狀顯示出與上述相同的失敗；而不自主臉紅、口吃、陽萎或早洩等症狀尤其明顯。這顯示出患者和他人關係的失能，由於對別人缺乏興趣，他們才會出現這些症狀。

精神病代表最高層次的自我孤立。若能喚起患者對他人的興趣，精神病不是不能治癒，但精神病表示患者和社會隔絕的程度，遠較其他病症為高，或許除了自殺以外。治癒這類病患需要極高的技巧。必須要能夠讓病患重拾合作的能力，唯有靠耐心、愛心和友誼才能做到這點。

有一次我為一個精神分裂的女孩做治療。她罹患精神分裂已有八年，過去兩年來一直住在療養院裡。她像狗一樣狂叫，吐口水，撕裂身上的衣物，還試著吃她的手帕，這些症狀顯示，她對別人的興趣幾乎蕩然無存。她想要當狗，這點我們能夠理解她感覺媽媽待她像條狗，或許她是在說：「我越看人類就越想當條狗。」我連續八天找她會談，但她始終一個字也不和我說。我繼續找她說話，三十天後她終於開口，以一種混亂和莫名其妙的方式說話。她覺得我是她的朋友，感覺獲得鼓勵。

這類的病人若獲得鼓勵，會不知道怎麼拿出勇氣。她對人類的抗拒心非常強烈。某個程度上，我們能夠臆測她恢復勇氣後會出現什麼行為，但她依然不希望合作。她就像問題兒童，會盡力惹麻煩、把手上所有能打破的東西打破，或攻擊護士。有一次我找這個女孩說話時，她打了我，我必須思考我該怎麼做，唯一能讓女孩訝異的事情，就是不要和她對抗或制止她。這個女孩並沒有多大力氣。我任由她使勁打我，並保持友善的眼光注視著她。我這個舉動大出她的意料；她連最後的挑戰也失去了。

她依然不知道被喚起的勇氣怎麼處理。她打破我辦公室的窗戶，拿玻璃割手臂。我並沒有阻止她，只幫她包紮傷口。一般人對這類暴力行為的反應是制止她，把她送回房間關起來，但這種治療方法是錯誤的。如果想贏得這類女孩的信任，就必須採用不同步驟。期待精神病患做出正常人的舉止是最大的錯誤。幾乎每個人都會被精神病患激怒，因為他們的舉止異於常人。他們不吃東西，撕破身上的衣服等等。隨他們去，他們愛怎麼做就讓他們去做。沒有其他方式能夠幫助他們。

這回事件過後，這個女孩痊癒了。過了一年，她依然健康正常。有一天，在去她以前做治療的療養院路上，我在街上遇見她。

「你要去哪裡？」她問我。

我回答說：「妳和我一起來吧，我要去妳兩年前住的那家療養院。」我們一起去療養院，我還問醫生她以前的主治大夫是誰。我提議說在我看另一個病人時，他應該和她談談。等我看完病回來後，我看見這個醫生一臉窘困的表情。

他說：「她正常和健康得很呢！但有一件事情讓我很不高興，她不喜歡我。」

偶爾我還是會幫這個女孩複診，十年來她一直活得健康正常。她自食其力工作維生，和其他人相處和睦，看見她的人沒人肯相信她以前得過精神病。

誇大妄想症和憂鬱症，這兩個病症特別清楚顯示出患者和他人疏離。誇大幻想症病人責難所有人類；他認為其他人都在密謀傷害他。憂鬱症患者則自責：比如他會說：「我毀掉整個家庭」或「我把全部的錢給弄丟了，我的小孩會捱餓」，好像有人在責難他似的，然而，這不過是他行為的表相而已；其實他是在責備別人。

我來拿一個相當著名和有影響力的女人為例，在一次意外後，她感覺自己不再能繼續社會生活。她有三個女兒都已結婚並搬離開家，她感覺非常寂寞；約在同時，她的丈夫也不幸過世。她以前就被寵壞了，於是她試圖找回失去的東西。她開始到國外旅行。不過，她總覺得自己不如以往重要，在國外的一次旅途中，她開始出現憂鬱症。她的新朋友相繼拋棄她。

憂鬱症是一種失常，對每一個患者都是一大考驗。她發電報要女兒過來陪她，但她們都有藉口，沒一個女兒過來看她。回到家後，她最經常掛在嘴邊的一句話是：「我的女兒們一直對我很好。」三個女兒任她一個人在國外，她們請護士照顧她，如今即使她已回到家，也只偶爾過來看她一下。這些話是一種譴責，每個熟悉箇中內情的人都知道。憂鬱症就像一股對別人積久不去的憤怒和叱責，患者主要的目的是在取得關愛、同情和支持，雖然患者本人表面上只一味自責。一個憂鬱症患者的第一個記憶是這樣的：「我記得我想要躺在沙發上，但哥哥已先躺在裡面。我拚命大哭，最後他只好讓我。」

憂鬱症患者經常以自殺來報復他人的傾向，醫師的當務之急是避免讓他們有自殺的藉口。我個人在做治療，並試著紓解他們的壓力時，首先一定先和他們說：「絕不要強迫你自己做不喜歡的事情。」這句話乍聽之下似乎無足輕重，但我相信它直抵問題的根源。假如憂鬱症患者能夠自由做他愛做的事，他還能怪誰呢？有什麼可讓他想報復的？「如果你想去看戲？」我和他說：「或者度個假，你就去做吧。如果你不想，你也就別麻煩自己去做。」

這是最適合任何人的狀況，滿足了他優越的需求。他就像上帝一樣，愛做什麼就做什麼。另一方面，這在他的生活風格裡卻不容易做到。他的生活風格是支配和責怪別人，如果大家都對他百依百順，他還能怎麼支配人呢？這個方法通常非常有效，我的憂鬱症病人裡沒有一個人自殺。當然，可以了解最好有人看顧這類病人，只要有人在旁看視，他們就沒有危險。

對於我上述的那一句話，我經常聽到病人回答：「但沒有一件事情是我喜歡做的。」我早有準備會聽到這種回答，因為我不知聽過幾千遍了。

「那麼就限制你自己，不要做你不喜歡的事情吧。」我說。

不過，有時候他會回答說：「我應該會喜歡整天待在床上。」

我知道如果我回答說：「沒問題，你儘管去做吧。」他一定不會再想要那麼做。我也知道假如我阻止他，他會開戰。所以我總是表示贊同。換個說法更能直擊他的生活風格。我告訴他說：「如果你照這個處方按時吃藥，十四天後你就能痊癒。這個處方是：每天試著想想你能怎麼取悅某個人。」想像一下這對他們有何意義。他們通常被「我如何讓某個人擔心我？」的思緒佔滿。

他們的答案非常有趣。有的人說：「這對我很容易。我已經做了一輩子。」當然，他們根本就沒做過。我要他們考慮一下。他們根本不考慮。我告訴他們說：「你可以利用所有失眠的時間，來思考你如何能取悅某個人，你的病情會取得戲劇性的改善。」第二天當我看到他們時，我問道：「你想過我昨天的提議嗎？」他們回答說：「昨晚我一上床就睡著了。」當然，在這整個過程裡你必須態度謹慎和友善，千萬別讓病人察覺出你有一絲優越感。

其他病人可能會回答說：「我永遠也做不到，我擔心得要命。」我會這麼告訴他們：「別停止擔心！但在你擔心的同時，偶爾你可以想想其他人。」我想要導回他們對其他人的興趣。

許多病人會說：「為何我該取悅其他人呢？其他人也沒試著讓我高興啊！」「你必須為你自己的健康設想，」我會回答說：「其他人稍後會得到報應。」極少數病人會回答說：「我照你的建議想過。」我所有的努力都是為增進病人的社會興趣。我知道他們憂鬱的真正原因是缺乏合作，而且我也要他們自己看清楚這點。一旦他和同伴之間的關係，能夠站在平等和合作的立足點，他就痊癒了。

☼人為疏失罪

另一個明顯缺乏社會興趣的例證是所謂的「人為疏失罪」。一個男人掉了手裡一根點燃的火柴，引燃一場森林大火。或最近有一個個案是，一個工人收工回家時忘記收好電纜，任由電纜橫跨在路上；一輛經過的汽車因而翻覆，車中乘客全數當場死亡。這兩個人並未蓄意傷害他人。雖然實際上災禍已造成，但道德上他們似乎也不覺得自己有罪。因為他們根本不懂得為別人著想；同時也不覺得自己有保障別人安全的責任。他們就和我們先前討論過的懶散小孩、站在別人腳指頭上的人、丟破碗盤或掃下壁爐上擺飾的人一樣，屬於高度缺乏合作能力的另一群人。

第十一章之三

社會興趣與社會平等

我們對人類的興趣由家庭和學校教育得來，而且我們已經了解小孩的發展有哪些障礙。社會感或許不是遺傳的天性，但它的潛能人人與生俱有。這個潛能的發展，取決於父母的技巧和他們對子女的興趣，及小孩對自己環境的判斷而定。如果他覺得其他人與他為敵，所有人把他逼往牆角，我們就不能期待他會結交朋友，或變成別人的好朋友。如果他覺得其他人應該是僕役，為他服務，他就不會想幫助別人，只會希望統治和支配他們。如果他只在意自己的感覺、生理上的苦惱和不舒適，他就會封閉自己。

我們已經了解，最好讓一個小孩感覺他的價值和家裡的其他成員相等，讓他對家裡的其他成員都有興趣。我們已經了解父母應該彼此友善對待，應該和家庭以外的其他人，保持良好和緊密的友誼關係。如此一來，小孩會感覺家庭圈子以外的人和家人一樣值得信任。

我們也了解，小孩在學校裡應該感覺自己是班上的一分子，是其他小孩的朋友，他能夠信賴這些友誼。家庭生活和學校生活都是為小孩未來在大社會裡的生活做準備。家庭和學校的目的，是在教育小孩長大成為社會的一分子，人類裡平等的一員。唯有在這些情況下，小孩才能夠繼續保持勇氣和自信心，勇敢面對生命問題，並以促進人類福祉的方式把這些問題一一解決。

如果他能夠成為大家的好朋友，透過有用的工作和快樂的婚姻貢獻社會，就永遠不會有自卑感或有被別人打敗的感覺。他會感覺：「這個世界是我的世界。我必須積極行動和組織，而不是被動等待。」他會完全確定「現在」是人類歷史唯一的階段，他屬於人類的整體過程——過去、現在和未來，但他也會感覺現在就能夠實現他的創造力，並為人類發展貢獻一己之力。

這個世界確實存在弊病和困難、歧視和災難；但它是我們的世界，它的優點和缺點都是我們的，我們要致力改善；如果每個人以正確方式面對工作，我們就可以冀望每個人都能夠扮演好改善這個世界的角色。

WHAT LIFE COULD MEAN TO YOU

【第十二章】

愛與婚姻

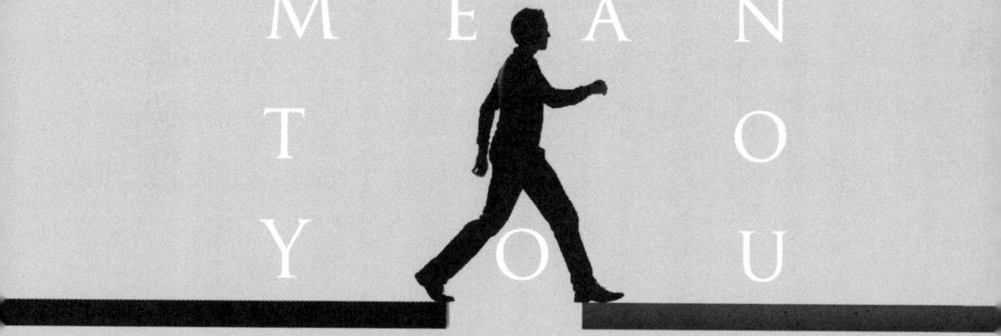

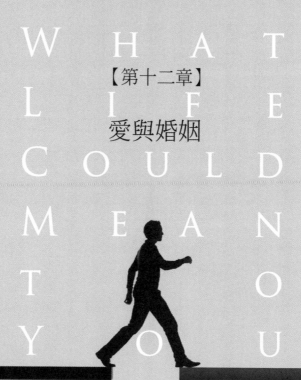

第十二章之二

愛、合作與社會興趣的重要性

在德國某些地區，有一項考驗訂婚男女適合婚姻生活與否的古老傳統。婚禮進行前，新郎和新娘被帶到一塊空地上，地上躺著一棵樹幹。在這裡他們拿到一把雙人鋸，然後開始把樹幹鋸成兩截。這項考驗是在測試他們願意彼此合作的程度有多少。如果彼此缺乏信任，他們只會互相拉扯卻鋸不斷樹幹。如果有一個人想要主導並獨力鋸樹，即使另一半願意放棄，也要花上兩倍時間完成工作。他們兩人必須一樣進取，動作必須和諧。這些德國村民明白，合作是婚姻成功的首要條件。

如果有人問我愛和婚姻的意義，我會給它做如下定義，或許它還不夠完整：愛，和它在婚姻裡的實踐，是對異性伴侶最親密的奉獻和付出，透過生理吸引，友誼和生兒育女的決定表達。愛和婚姻是人類合作的必要因素——不僅為謀取兩個人的利益，同時也為促進人類共同福祉而合作。

愛和婚姻是為促進人類福祉所構成的合作，這個立足點為愛和婚姻這個主題的每一面提供了說明。連生理吸引，人類最重要的一股衝動，一直都是人類非常必要的發展。我經常一再解說，人類本身有許多弱點，沒有一個人能夠獨自在這地球上生存。繁殖是唯一能夠延續人類生命的方式；所以我們具有生育能力，並有生理吸引的不斷刺激。

今日，我們發現愛的問題引起困難和糾紛。夫妻遭遇這些困難，父母關切它們，整體社會亦遭波及。因此，如果我們試圖找出正確結論，使用的方法就必須客觀和公正。我們必須盡量忘卻已經學到的東西和試過的方法，不涉及其他考量，以充分和自由討論的方式研究這個主題。

這並不是表示說愛和婚姻能被當成一個單獨的問題研究。一個人永遠不能以此方式獲得解答：他永遠不能單憑個人想法，找到解決問題的方法。其實，每一個人都受到絕對的限制；他在某一個架構內發展，他的決定必須應此架構而生。誠如我們已經了解的，這三個主要的限制，源自於我們居住在宇宙同一個星球的事實，我們的發展受到所處環境和狀況的限制；我們生活周遭有其他人類，我們必須學習適應；還有我們分成男女兩性，我們種族的未來依賴這兩性關係的良好發展。

也有其他人並不關切人類的福祉，與其給予生命的觀點是「我能貢獻同胞什麼」或「我如何成為全體的一分子」，他們反而更容易問自己：「生命能給我什麼」、「其他人夠注意我嗎」、「我獲得適當的激賞嗎」……如果一個人對生命抱持著這種態度，他會試著以相同的態度解決愛和婚姻的問題。他總會問說：「我能從它裡面獲得什麼？」

愛不像有些心理學家相信的那樣，純粹是自然作用。性是一種取向或本能，但愛和婚姻不僅為滿足這個取向而已。我們在觀察中發現，我們的取向和本能獲得發展、培養和精煉。我們壓抑某些慾望和性向。比如為了人類的利益著想，我們學會避免互相攻擊、自我清潔和保持外表乾淨。連我們的飢餓感也不再有一個純粹自然的出口；我們培養出飲食方面的品味和禮儀。我們全部的取向與共同的文化配合；這反映出我們學習為維護人類和社會福祉所做的努力。

假如我們應用這個了解，放在愛和婚姻的問題上，我們會再次發現必須顧及整體利益，亦即是全體人類的利益。這個利益最為重要。對於愛和婚姻的問題，除非我們採取廣泛的觀點，考量人類整體福祉下才能獲得解決，不然做再多討論、提議再多讓步、改變、制定再多新規則或制度都毫無助益。也許我們會改善，也許我們會找到更滿意的解決辦法，但如果真找到較好的答案，它們較好是因為充分考慮到人分為男女兩性，同住在一個星球之上，人類若要生存就必須合作的事實。迄今我們的答案已把這些狀況考慮在內，裡面所包含的真理能夠永垂不朽。

第十二章之二

平等的伴侶關係

當我們使用這個方式時，對於愛的問題的第一個發現是，它是兩個個體的工作。對許多人來講，這必定會成為一個新工作。在我們早期的訓練裡，有些教導我們要獨力工作，有些教導我們要群體工作。相對上我們比較沒有兩人配合的工作經驗。因此，這些新狀況提出一個問題；但如果這兩人對同伴都有興趣，這個問題就容易解決得多，因為他們更容易學會對彼此發生興趣。

我們甚至可以說，若要充分理解這個兩個伴侶間的合作，每一個伴侶對對方必須比對自己更有興趣。這是愛和婚姻能夠成功的唯 基礎。如果每個人對另一半的興趣高過對他自己，他們的關係就會平等。假如達成這種親密和共同的奉獻，就沒有一個伴侶會有必須服從和遭受壓抑的感覺。然而，必須夫妻雙方都抱持這種態度，才可能達成真正平等的婚姻關係，夫妻應該竭盡所能地讓對方的生活舒適和豐富。如此一來，每個伴侶感覺安全，感覺自己的努力值得，感覺自己被對方需要，在這裡我們找到保障婚姻成功的基礎，與快樂婚姻的基本意義。它是你覺得值得，沒人能夠取代你，你的伴侶需要你，你的表現良好，你是一個好同伴和一個真正的朋友。

伴侶在合作的工作裡，不可能接受卑屈的地位。若有一個人想支配、強迫另一個人服從，這兩個人就無法一起過豐碩的生活。這就是我們何以有許多不快樂婚姻的原因。沒人能忍受次等地位，並且毫無忿怒和怨恨。伴侶必須平等，而當人平等時，他們總能找到方式解決困難。比如他們會就生兒育女與否達成共識。他們明白若決定不生小孩，將反映出他們不願意保障人類的未來。他們會就小孩的教育問題意見一致；一旦有問題發生，他們會積極去解決，因為他們知道不快樂的婚姻對小孩不利，同時也影響小孩的發展。

第十二章之三

婚前準備

在目前的社會裡，鮮少有人充分準備好合作。我們的訓練過度強調個人的成功，我們思考生命能給我們什麼，遠甚於我們能給生命什麼。當兩個人需要親密生活在一起時，我們很容易了解，若他們在合作專心為對方著想的能力上有任何失敗，將導致最嚴重的結果。大部分人都是第一次經歷婚姻這個緊密關係。他們不習慣為另一個人的利益和目標、慾望、希望和抱負著想。他們尚未準備好分享工作。

所以我們才會看到周遭出現許多錯誤，但現在該是時候，讓我們檢討這個事實，並學習如何在未來避免發生錯誤。

☼生活風格，父母與婚姻態度

成人生活裡的每一個危機，都和我們小時候收到的早期訓練有關：我們對生命問題的回應，總配合我們的生活風格。我們準備婚姻不是一夕可成，我們能夠由一個小孩的行為、態度、思想和動作裡，看出他如何為未來的成人生活做準備。他對愛的觀念在十五或十六歲前便已建立。

當小孩很小顯出對異性有興趣，並為自己選擇伴侶時，我們絕不應該認為這種行為錯誤，或是個麻煩，或是個早熟的性衝動。我們更不應該嘲笑小孩或拿它來開玩笑。我們應該把它當成小孩為愛和婚姻做準備的步驟。與其抑制小孩，還不如支持小孩，因為愛代表一項不可思議的挑戰，一項他該事先準備的挑戰，一項他應該代表全體人類面對的挑戰。如此一來，我們能幫小孩在心裡建立一個理想，他們長大後將能夠在親密關係裡，把伴侶當成同伴和朋友。我們在觀察中明顯發現，小孩自然由心地喜歡一夫一妻制，儘管他們父母的婚姻不見得是和諧和快樂。

假如父母的婚姻一直和諧和快樂，我們就能做好更佳準備。小孩對婚姻最早的印象來自父母的婚姻，所以大部分生命失敗的人，都是來自破碎家庭和不快樂家庭的小孩，這一點也不讓人意外。如果父母本身無法合作，他們不可能教導子女合作。我們發現，了解個體是否在正確的家庭氣氛下長大，觀察他對父母和兄弟姊妹的態度，是判斷他適合婚姻與否的最佳方式。

他由哪裡獲得對愛和婚姻的觀念，這個因素最為重要。我們已經了解一個個體的成長，不是取決於他的環境，而是受他對此環境的詮釋影響。有可能他的父母婚姻生活非常不快樂，所以刺激他立志要比父母做得更好，他可能奮勉讓自己對婚姻做好充分準備。因此，我們永遠不該拿不幸福的家庭背景來評判或否定一個人。

☼ 友誼與工作的重要性

友誼是能夠促進社會感發展的另一個方式，讓我們學會用另一個人的眼睛來觀看事物，以他的耳朵來聆聽，以他的心來感覺。如果一個小孩感覺挫敗，受到嚴密看管和保護，他在沒有朋友、沒有玩伴的封閉環境裡成長，就無法發展結交朋友的能力。他會認為自己是這世界裡最重要的人，以確保他自己的利益為最高原則。

友誼訓練是為婚姻所做的準備。假如小孩能透過遊戲學習合作或許有助益，但我們經常只看到小孩在遊戲裡表現出競爭和超越別人的慾望。安排兩個小孩一起工作、讀書和學習可能極有幫助。我相信我們不應該低估舞蹈的功能。舞蹈是一項兩個人共同參與的休閒嗜好，我相信小孩學習舞蹈非常有幫助。我說的舞蹈和現代觀念不一樣，現代舞蹈更像一種表演，不像兩個人分享的活動。然而，假如我們能為小孩設計簡單和容易的舞蹈，對他們的發展會有極大幫助。

工作問題也能夠協助人準備面對婚姻。現代人在面對愛和婚姻前，通常會先遭遇工作問題。

一個伴侶，或他們兩人必須要有工作，這樣他們才能夠賺取生活費用以支持一個家庭。很明顯地，婚前準備亦包括了工作準備。

☼ 性教育

我永遠不鼓勵父母過早給子女性教育，或灌輸超過他們所需的性知識。顯而易見地，一個小孩看待婚姻的方式非常重要。如果父母對性教育這個主題處理不當，他會把性視同一種危險或某種了解不了的東西。根據我個人的經驗，約於四或五歲過早接觸成人關係的小孩，或有早熟經驗的小孩，長大後比較害怕愛的問題。如果小孩第一次接受性教育時已經夠大，長大後他就不會這麼害怕：而且他在性關係上較不會犯錯。

性教育的關鍵是絕不和小孩說謊，絕不迴避問題，了解他問問題背後的原因，只解釋他希望知道的知識。強制灌輸過多資訊對小孩有害。生命的問題，就和其他問題一樣，最好讓小孩獨立，讓他靠主動發問學習想要知道的知識。如果他和父母彼此信任，就不會受到傷害。

有一個普遍迷信認為小孩能夠由同伴處取得性教育和性知識。一個受到良好合作和獨立訓練的小孩，絕不會聽從友伴耳語相傳的性知識，而且我也從未見過健康的小孩受此傷害。小孩不會全盤接受同學說的每一件事情。大部分時間他們會保持懷疑的態度，如果他們不確定同學說的話真實與否，他們會問父母、哥哥或姊姊。我也必須承認，我經常發現小孩在這方面比年紀大的人還更慎重和機敏。

☼ 伴侶選擇的影響

小孩成年後，在性方面開始出現生理吸引，也是從小學習而來的。小孩取得有關憐愛和吸引方面的印象，他周遭環境的異性給他印象，這些印象是生理吸引的開端。一個男孩由母親、姊妹或周遭女生那裡取得這些印象，他長大後能在生理上吸引他的女性，她們的類型會和他在早期環境裡接觸到的女性類似。有時候他也會受藝術品影響：每個人依此方式建立出個人審美觀。

這個對美的搜尋不是毫無意義的搜尋。我們的審美感以健康和為改善人類的慾望為基礎。我們全部的功能、能力，引導我們朝此方向發展。我們無從躲避。我們把那些看似永恆，對人類福祉和未來有貢獻的事物，我們希望小孩朝它發展的象徵稱之為美。這是永遠不會停止吸引我們的美麗。

有時候，如果一個男孩和母親，或一個女孩和父親的關係出現困難（經常在父母不夠合作時發生），長大後他們會尋找和父母迥然相反的伴侶。比如一個男孩的母親總愛挑剔和欺凌他，如果他很脆弱，害怕被支配，他可能發現只有那些個性不蠻橫的女性才能在生理上吸引他。如果他容易犯錯，就可能尋找一個看起來很堅強的伴侶，他會如此選擇若不是因為他偏愛堅強的女性，就是因為他發現她更能挑戰他的力量。如果他和母親間隙很大，可能妨礙他對愛和婚姻問題的準備，甚至阻礙他對異性產生生理吸引和興趣。這種阻礙有許多程度，程度最嚴重的能使得他澈底排斥並拒絕異性。

第十二章之四

婚姻的承諾與責任

一個個體對愛和婚姻最糟糕的準備，莫過於他以自己的利益作為學習的出發點。如果他以此方式成長，他將把一生時間花費在懷疑能由生命裡獲得什麼樂趣或刺激上。他會要求伴侶給他自由和讓步，從不思考他能給伴侶什麼舒適和豐富的生活。這是最悲慘的方式。對於這種男性，我會比喻說他是想從馬尾幫一匹馬套上項圈。這是處理事情的錯誤方式。

因此，在我們準備愛的態度裡，不該尋找藉口和逃避責任的方法。猶豫和懷疑滋潤不了愛的花朵。合作需要一生的承諾；婚姻若沒有堅定不移的承諾，就不能稱之為婚姻。這個承諾包括了我們要生兒育女、教育兒女、訓練子女合作，並致力讓他們成為社會裡有用的一分子，成為人類真正平等和負責的一員。一個良好婚姻是我們撫育下一代長大的最佳方式，婚姻應該具有這個目標。婚姻實際上是一件工程；它有自己的規則和法制。我們不能選擇只專注在它的某一面，在不破壞合作這個永恆法制下忽視它的其他層面。

如果我們限制自己負婚姻責任五年，或把婚姻當試驗品，就不可能達成真正的親密和奉獻。

假如男性或女性公開拿上述選擇做為逃避的藉口，那麼他們並未全力做好婚姻的工作。我們永遠不能給人任何嚴肅的問題安排「退出條款」。我們不能限制我們的愛。所有試圖為婚姻尋找權宜措施的人都走錯道路。他們提議的權宜措施會擾亂已婚夫婦，只會讓他們更容易選擇退出，及逃避原先應該做的努力。

我知道我們的社會裡有許多阻礙人們以正確方式解決愛和婚姻的問題，儘管他們有心想要解決。然而，我覺得我們應該排除的不是愛和婚姻；而是排除社會裡的障礙。我們知道一個相愛的伴侶關係必要的特質是什麼——忠實、誠實、可靠、沒有保留、不自我追求……。

☼ 常見遁辭

假如一個人相信忠實一天就已足夠，他顯然尚未準備好接受婚姻。伴侶雙方若同意各自保有「自由」，就不可能達成真正的伴侶關係。這不是伴侶關係。在伴侶關係裡，我們沒有選擇方向的自由。我們已經許下合作的承諾。我來舉一個例子說明一個嚴重妨礙婚姻和人類福祉的私下協議，及如何同時傷害伴侶雙方。一個離婚的男人和一個離婚的女人結了婚。他們兩個都是有良好教養和聰明的人，同時都誠摯盼望這樁婚姻比從前好。然而，他們不明白自己的第一次婚姻為何會失敗；在不明瞭自己缺乏社會感的同時，他們卻尋求一樁更好的婚姻。他們說自己是一個自由思想者，想要一樁現代婚姻，不想彼此被悶死。於是他們提議雙方在各方面都保有絕對自由；他們可以各自做自己想做的事情，但他們會相互信任，知會對方每一件事情。

結果丈夫似乎比妻子更有冒險心。每天回家後他總有許多鮮活的經驗可以告訴她，她似乎也非常喜歡聽，並以丈夫的成功為榮。她總有意挑逗別的男人或開始婚外情，但在她真正付諸行動前卻得了廣場恐懼症。她不再敢單獨出門；神經症害得她整天把自己關在房間裡面。假如她跨出房門一步，心裡的恐懼使她不得不退回房間裡。她以廣場恐懼症來阻止先前決定的行為，但它的意義不僅於此。最後，由於她不能獨自出門，丈夫被迫留在家裡陪她。現在你能了解婚姻的邏輯如何被他們的決定破壞。丈夫不再能當自由思想和自由行動者，因為他必須陪在妻子身旁。她也使用不了她的自由，因為她害怕單獨出門。這個女性若想痊癒，她必須對婚姻取得更多了解，她的丈夫也必須明白婚姻是一種合作的伴侶關係。

其他錯誤在婚姻開始之初就已鑄下。一個自小遭家人寵壞的男性經常感覺妻子冷落他。他並未接受配合社會生活要求的訓練。一個自小被寵壞的小孩結婚後，可能變成婚姻裡的暴君；另一半感覺受害和受箝制，開始反抗。觀察兩個驕縱的小孩結成夫妻後的進展情形很有趣。他們兩都只顧自己的利益，彼此要求對方的注意，他們沒有一個會感覺滿意。下一步他們會尋求逃避，其中一個會開始挑逗別人，希望獲得另一半的注意。

有些人無法只和一個人談戀愛，必須同時和兩個人談情說愛。這讓他們感覺自由，他們總能由戀愛裡逃走，永遠不用承擔愛的全部責任。其實，這種人是兩頭皆空。

還有一些人編織一種羅曼蒂克，理想式或難以獲得的愛；如此一來，現實裡他們不需要去接近異性，他們沉迷於自己的感覺就已足夠。一個浪漫、理想式的愛情，能夠排除掉所有的追求者或候任者，因為在現實生活裡沒人能夠忍受得了這種愛情。

許多男性和女性由於成長的錯誤，長大後變得不喜歡或排斥自己的性別。他們壓抑自己的自然功能、生理失能，無法達成成功的婚姻。這就是我先前所說的「雄性主張」，它應我們重男輕女的文化而生。如果一個小孩不斷懷疑自己的性別，他們就會有很深的不安全感。

在我們的文化裡，經常有人難以認同自己的性別角色。這可能是所有女性性冷感和男性陽萎的原因。這些個案主角透過生理抗拒，顯示出他們對愛和婚姻的抗拒。除非我們真正相信男女平等，不然這些障礙不可能避免；只要有一半人類有理由不滿意自己，這不滿將會是婚姻成功的巨大障礙。在這裡我們的補救方法是教育小孩男女平等，在此同時，永遠不該讓小孩懷疑自己未來的角色。

我相信，避免發生婚前性行為較能保障愛和婚姻的親密奉獻。私底下我發現大部分男性並不喜歡伴侶不是處女。有時候他們把這件事，當成女性水性楊花的象徵，妻子不是處女讓他們大為震驚。此外，在我們的文化裡，婚前性行為較容易導致女性情緒緊張。若一宗婚姻是以恐懼，而不是以勇氣做出發點，這也是很大的錯誤。我們了解勇氣是合作的一面，假如男性和女性是出自恐懼才選擇伴侶，這顯示他們並不想真正合作。當他們選擇嚴重酗酒、社會地位或教育大不如人的伴侶時也一樣。他們害怕愛和婚姻，希望建立一個伴侶會尊敬他們的狀況。

第十二章之五

求愛時期

一個人追求異性的方式，透露出他的勇氣和合作能力的大小。每個個體都有他特別的方式，人在求愛時期有他特別的舉止和性情，這和他的生活風格一致。他在談戀愛時期的行為風格，顯示出他有自信和合作能力，並「願意」維護人類未來，或他僅對自己有興趣，在此階段戰戰兢兢，不斷以「我給人什麼印象？他們認為我這個人怎樣？」的問題來自我折磨。一個男性在追求女性時，步調可能緩慢和謹慎，或魯莽和急躁；不管怎樣，他的生活風格構成他求愛時期的表現，這不過是他表達生活風格的另一種方式而已。我們不能依靠男性在求愛時期的表現，來判斷他適合婚姻與否，因為在此之前，他早已有一個直接目標，可能導致他在其他方面猶豫不決。然而，我們依然能夠從他在求愛時期的行為中看出一些個性。

我們的文化一般認為應該由男性採取主動，由男性追求女性。只要這個觀念存在一天，我們就有必要訓練男孩秉持男性態度——率先主動，絕不遲疑或逃避。然而，唯有他們感覺自己是整體社會的一分子，並坦然接受自己的優缺點，他們才能被訓練。當然，求愛時期女性也必須參與；她們也需要率先行動，但目前在我們西方的文化裡，她們感覺自己有必要稍作保留，她們的求愛可由外表、穿著方式、肢體動作，及她們觀看、說話和聆聽的方式裡瞧出端倪。因此，我們或許可以說男性求愛的方式比較簡單和膚淺，女性則比較深奧和複雜。

第十二章之六
成功婚姻

☼ 婚姻的生理層面

對伴侶產生性吸引是必要的，但應該以維護人類福祉的慾望為依歸。如果伴侶間彼此真正有興趣，性吸引永遠不會衰減。一個性吸引衰退的個案表示對伴侶缺乏興趣；告訴我們這個個體不再感覺伴侶關係平等，而且他不再希望豐富另一半的生活。有時候，一般人可能以為他們依然對伴侶有興趣，但生理吸引卻消失了。這絕對不是真的。有時候人的嘴巴說謊，或心靈不能了解；但身體功能總說出真相。身體功能有缺陷，表示這兩個人並未取得真正共識。他們對彼此失去興趣。他們至少有一個人，不再想要面對愛和婚姻的問題，卻在找一個逃避的藉口。

另一方面，人類的性取向和其他生物截然不同。它持續不斷。這也是人類生命和福祉獲得保障的原因。其他生物則藉由其他自然方式確保生存：比如我們發現許多雌性物種製造大量的蛋，這些蛋裡有許多來不及成熟。裡面有許多不見或遭破壞，但由於數量龐大，最後總有一些能夠存活下來。

人類也一樣，生兒育女是確保生存的一個方式。因此，我們發現在愛和婚姻這個問題上，那些對人類福祉有興趣的人多半會生育子女，而對人類沒興趣的人，不管他們知不知道，多半拒絕生殖的包袱。如果他們對別人總是要求和期待，從不給予，他們就不會喜歡小孩。他們只對自己有興趣，他們把小孩當成負擔和麻煩；某種會佔據時間和注意的東西，既然如此，他們還不如把時間和注意用在自己身上。

因此，我們可以說，若要充分解決愛和婚姻的問題，養兒育女絕對必要。我們知道良好婚姻是養育人類下一代的最佳方法，所以生育小孩應該是婚姻不可或缺的一部分。

☼ 一夫一妻制，認真努力與現實

在實際社會生活裡，解決愛和婚姻的辦法是一夫一妻制。一個人若開啟夫妻關係，他就必須對另一半奉獻和關心，他不能動搖這個關係的基礎或尋找逃避的藉口。我們知道婚姻有可能破裂。不幸地，我們避免不了這種情形，但如果我們把婚姻和愛當成一個社會功能，是必須去做的工作，就比較容易避免婚姻破裂。那麼我們就會為解決這個問題竭盡所能。

夫妻離異一般是因為伴侶問不夠努力；他們並未認真讓自己的婚姻成功，他們只純粹在等待，以為成功婚姻會憑空而來。如果他們以此態度和方式面對問題，注定要失敗。把愛和婚姻視為一種理想狀態，或它自然會像童話故事般，有個快樂結局。這樣想是個大錯誤。

我們的文化過於把婚姻當成結局，一個終極目標。比如我們能夠在數以千計的小說裡看到這個觀點，裡面總以男女主角結婚做結局，其實他們的生活才剛開始。然而，一般人經常以為婚姻能夠使一切變得圓滿；彷彿一對結婚新人衝破終點線，贏得勝利，從此過著幸福快樂的生活。

婚姻關係裡一點神奇都沒有。如我們已經了解的，每個個體對待婚姻的態度，是他生活風格的一種表達；所以我們若無法完全了解一個人，就無法了解他對婚姻抱持哪一種態度。他對婚姻的態度和他追求的目標一致。比如我們能夠找出，何以許多人尋找藉口逃避婚姻責任。我可以準確告訴你，哪些人有這種逃避的態度：就是那些從小遭寵壞，如今長大後依然想被嬌寵的人。

這種人對社會造成危險——這些長大成人的被寵壞小孩，他們的生活風格在四或五歲時就已固定：「我能獲得想要的一切嗎？」他們無時無刻不這麼自問著。如果獲得不到想要的一切，他們就認為生命毫無目的。他們問道：「假如我得不到我想要的東西，活著有什麼用？」他們變得悲觀，他們心懷一個「死願（Death wish）」。他們讓自己生病，變成神經症者，他們從自己錯誤的生活風格裡，架構出一整套社會哲學。他們覺得錯誤的想法是唯一重要的；如果他們必須壓抑自己的慾望和情緒，就會感覺整個宇宙故意和他們過不去。這是他們被撫養長大的方式。許久以前，他們曾經活在黃金年代裡，那時他們收到想要的一切。也許有些人至今依然覺得只要他們哭得夠久、抗爭夠劇烈、拒絕合作，就能再次獲得想要的一切。他們並不把生命和社會看成一個整體，卻只強調自己的個人利益。

結果他們不想貢獻，總想憑空不勞而獲。婚姻對他們也一樣，不過像是某種「不滿意就可以退貨」的貨品罷了。他們想要友愛婚姻（Companionate Marriage）、試驗性婚姻、自由離婚：他們在婚姻一開始便要求保有自由，還有，如果他們需要，就可以不忠的權利。一個人若真關愛另一個人，就必須展現出這關愛的特質：他必須可靠和忠實，是伴侶真正的摯友。除非愛和婚姻滿足這些要求，不然他在解決生命的第三大問題上就算失敗。

也有必要關切小孩的福祉，假如一對夫妻的婚姻基礎不同於前述的觀點，他們在養育小孩方面將遭遇巨大困難。如果一對夫妻爭吵不斷，貶低婚姻的價值，對婚姻的看法不正面，不斷互相指責問題出在對方，整個情況對小孩不是非常有利，同時亦難以協助小孩發展社會感。

第十二章之七

解決婚姻問題

人為何不該住在一起可能有它的理由。但該由誰決定呢？我們要將決定權交到不了解婚姻是合作的工程，而且只在意自己生活的人手裡嗎？他們看待離婚的態度和結婚相同：「我能夠由它裡面獲得什麼？」

顯然不該由這些人決定。你經常會看到不停離婚又再婚，一直犯相同錯誤的人。那麼該由誰決定呢？或許我們可能以為婚姻若出現問題，該由精神醫師決定夫妻應該離異與否。不過有一個問題。我不知道在美國情形怎樣，但在歐洲我發現大部分精神醫師認為個人利益最重要。因此，總體上如果他們負責這種個案，他們會建議病人去找一個愛人，他們認為這個辦法可能會解決問題。我確定他們不久就會改變心意，停止給病人這種建議。他們之所以會提議這個解決辦法的原因，是他們不了解愛和婚姻是整體人類的問題；愛和婚姻的問題涉及生命的其他問題；我提供個人的見解給大家思考。

另一個錯誤是把婚姻當成解決個人問題的方式。在這裡我要再次重申，我不知道在美國情形怎樣，但我知道在歐洲如果一個男孩或女孩變成神經症者，精神醫師經常建議他們去找愛人開始性關係。他們也給大人相同建議。這實際上是在減低愛和婚姻的價值，讓它純粹變成藥物，那些使用這些「藥物」的人注定婚姻失敗。解決愛和婚姻問題最適當的辦法，是整個人格的最高實踐。一個快樂的生命，一個有用和值得的角色，絕對不會發生問題。我們不能把愛和婚姻當成瑣碎小事，或把愛和婚姻當成解救罪犯、酗酒者或神經症者的解藥。一個神經症者在適合愛和婚姻前需要接受正確治療，如果他在無法正確接受愛和婚姻前便先行嘗試，必定會遭受新的危險和不幸。婚姻高不可及，不可能變成一個理想，解決婚姻問題的工作需要太多努力和創意，所以額外加重了人類的負擔。

有些人懷著不正當目的進入婚姻。有些人為求獲得經濟保障結婚；有人結婚是因為他們同情某個人；或因為他們想要傭人才結婚。婚姻容不下這些不恰當的理由。我甚至知道有些人結婚只為幫自己製造更多困難。或許一個年輕人在讀書或工作上出現困難，他感覺自己就要失敗了，想幫自己的失敗找個藉口。結果，他結了婚，拿婚姻的額外工作做為失敗的藉口。

第十二章之八

婚姻與兩性平等

我相信我們不該低估或輕視愛的問題，反而要更重視它。在我聽過所有解救方法裡，實際受害的總是女性。在我們的文化裡，男性的生活是比女性要輕鬆自在。這是社會錯誤看待婚姻的結果。尤其是婚姻本身，一個人反抗會同時影響伴侶關係和幸福。唯有認識我們文化的一般態度並努力改變，問題才能夠克服。我的一個學生，底特律的羅塞教授（Professor Rasey）進行過一項調查，他發現受訪的女孩裡有四二%想當男生，這表示她們不滿意自己的性別。在半數人類失望、沮喪，排斥自己的社會地位，並羨慕另外一半的人，有較多自由的情況下，我們如何解決愛和婚姻的問題呢？如果女性總遭低估，相信她們只不過是男性的性對象，或相信男性用情不專和不忠天經地義，這個問題能夠容易解決嗎？我可以把我們全部的介紹歸納出一個簡單、明顯和有幫助的結論。人類不是天生一夫多妻制，一妻多夫制，也不是一夫一妻制。但我們全體同住在這個星球上，雖然我們人人平等，但依然分成男女兩性。我們已經了解大家都必須解決生命的三大問題。事實告訴我們，一夫一妻制最能保障個體在愛和婚姻，獲得最圓滿和最高度的發展。

國家圖書館出版品預行編目(CIP)資料

你的生命意義,由你決定／ 阿德勒（Alfred Adler）作.
--二版. --[臺北市]：人本自然文化, 2014. 06
面； 公分. --（心理系；018）
譯自：What life could mean to you
ISBN 978-957-470-632-7（平裝）
1. 精神分析學
170.189 103008814

人本自然

心理系 018

你的生命意義,由你決定

作　　者／阿德勒(Alfred Adler)
出 版 者／人本自然文化事業有限公司
出版總監／吳定驥
責任編輯／林昱彤・陳怡儒
校　　對／林昱彤・陳怡儒
封面設計／李東記
內文排版／Melinda
電　　話／(02)2831-6043
傳　　真／(02)2831-6035
地　　址／11146台北市士林區忠義街 151號5樓
製　　版／海王印刷事業股份有限公司

總 經 銷／彙通文流社有限公司
23150 新北市新店區中央五街42號
電話／(02)2218-2708　傳真／(02)8667-6045
劃撥帳號／19650094 彙通文流社有限公司

讀者意見信箱／service@3eyeintegrated.com
訂書信箱／sdn@3eyeintegrated.com
香港經銷商／〔時代文化有限公司〕九龍旺角塘尾道64號龍駒企業大廈3樓C1室
〔一代匯集〕九龍旺角塘尾道64號龍駒企業大廈10樓B&D室
〔香港聯合零售有限公司〕新界大埔汀麗路36號中華商務印刷大廈

2014年06月　二版一刷

如何索取本公司的圖書目錄

(1) 您可 E-mail至 **sdn@3eyeintegrated.com** 或打電話至 02-2218-2708請客服小姐傳真或郵寄書目。

(2) 您可上**博客來網路書店**或各大連鎖店之網路書店，查詢我們的所有圖書和相關資料。

(3) 您可上Facebook尋找**彙通文流社**或直接輸入網址 **https://www.facebook.com/htbooks**，留言或發訊息詢問，會有專員為您回覆。

如何訂購本公司的書

(1) 您可至**松果体國際文創有限公司**（台北市忠義街 151 號 5 樓）付款取書。

(2) 您可前往全省各大連鎖書店或書局購買，如遇缺書請向門市要求〔**客訂**〕，請書店代您向我們訂書，我們接到書店〔**客訂**〕訂單，會盡速將書送到書店，您再至書店取書付款即可。

(3) 您可上**博客來網路書店**或**各大連鎖店之網路書店**訂購。

(4) 您可透過郵政劃撥方式，載明您的姓名、地址、電話、書名、數量以及實付金額，**書款一律照定價打九折**（請外加運費或郵資新台幣五十三元，台北市和新北市以外七十四元，離島及海外請勿使用劃撥購書）。

(5) 如果您一次的購買數量超過五十冊，即可享有〔**團體訂購**〕之優惠，依定價打**八折**，請利用本頁背面之〔**團體訂購單**〕，將書名和數量及姓名或機關行號名稱和送貨地址填好，傳真至：(02)8667-6045 二十四小時傳真專線，將有專人會與您聯絡收款及送貨事宜，運費由本公司吸收（離島及海外地區除外）。

(6) 〔**團體訂購**〕單次購買數量超過五十冊以上時，請直接與我們連絡：02-2218-2708，或 E-mail：sdn@3eyeintegrated.com 我們將視數量提供更優惠的價格，**保證讓您物超所值**。

▶ 實體書總代理　彙通文流社有限公司　**02-2218-2708**

彙通文流社有限公司團體/專案訂購

訂購單位: 日期: 年 月 日

連絡人: 電話/手機:

送貨地址:

書 號	書 名	出版社	數 量

【合計】 共 ________ 種 共 ________ 冊

請將此單直接傳眞或放大影印，如不夠塡寫，也請自行影印！

24小時傳眞專線 (02) 8667-6045 客服專線 (02) 2218-2708

廣	告	回	信
板橋郵局登記證			
板橋廣字第698號			
免	貼	郵	票

23150

新北市新店區中央五街42號

彙通文流社有限公司　收

電話／(02)2218-2708　傳真／(02)8667-6045

劃撥帳號／19650094　彙通文流社有限公司

請沿虛線剪下對折寄回

人本自然——Living Nature

BOH018 **你的生命意義，由你決定**

著名個體心理學大師的不朽鉅作

會員回函．入會申請函

■ 謝謝您購買本書，請詳細填寫本卡各欄，對折黏貼並寄回，即可成為會員，可享有購書一律九折價，並可不定期收到本出版社之最新資訊。

■ 欲知本書相關書評．參加線上讀書會．投稿
詳情請上網站 http://www.3-eye.com.tw/

◆ 姓名：＿＿＿＿＿＿＿＿ □男 □女 □單身 □已婚

◆ 生日：　　年　　月　　日 □第一次入會 □已是會員

◆ 身分證字號（會員編號）：＿＿＿＿＿＿＿＿

（此即您的會員編號，為日後購書優惠之電腦帳號，敬請如實填寫）

◆ E-Mail：＿＿＿＿＿＿＿＿ 電話：＿＿＿＿＿＿

◆ 住址：＿＿＿＿＿＿＿＿＿＿＿＿

◆學歷：□高中及以下 □專科或大學 □研究所以上

◆職業：□學生 □資訊 □製造 □行銷 □服務 □金融
□傳播 □公教 □軍警 □自由 □家管 □其他

◆閱讀嗜好：□兩性 □心理 □勵志 □傳記 □文學 □健康
□財經 □企管 □行銷 □休閒 □小說 □其他

◆您平均一年購書：□5本以下 □5~10本 □10~20本
□20~30本 □30本以上

(以下1~4項請詳細填寫)

◆1. 購買此書的金額：＿＿＿＿＿＿ ◆2. 購自：＿＿＿＿＿＿ 市(縣)
□連鎖書店 □一般書局 □量販店 □超商 □書展
□郵購 □網路訂購 □其他

◆3. 您購買此書的原因：□書名 □作者 □內容 □封面
□版面設計 □其他

◆4. 建議改進：□內容 □封面 □版面設計 □其他
您的建議：

Living Nature Cultural
SINCE 1999

Living Nature Cultural

SINCE 1999